AF253844

# DEUX FILIATIONS

## AVEC LA FAMILLE DE LA PUCELLE

---

# LES DUCHEMIN

### Seigneurs de la Haulle
### de Mesnil-Durand, de la Vaucelle
### Barons de Claids

# et LES GOSSET

# LES DUCHEMIN

Seigneurs de la Haulle

de Mesnil-Durand, de la Vaucelle

Barons de Claids

## et LES GOSSET

D'Arc
Marguerie
Van Everbroeck
Du Chemin
Gosset
Burel
D'Arc
Kadot
Le Forestier
Le Brun de Blon
Guillot

# LES DUCHEMIN

Seigneurs de la Haulle,
de Mesnil-Durand, de la Vaucelle,
Barons de Claids

## & LES GOSSET

d'après des documents d'Archives

par Gaëtan GUILLOT

SAINT-LO

IMPRIMERIE A. JACQUELINE

18-23, RUE DES IMAGES, 18-23

1908

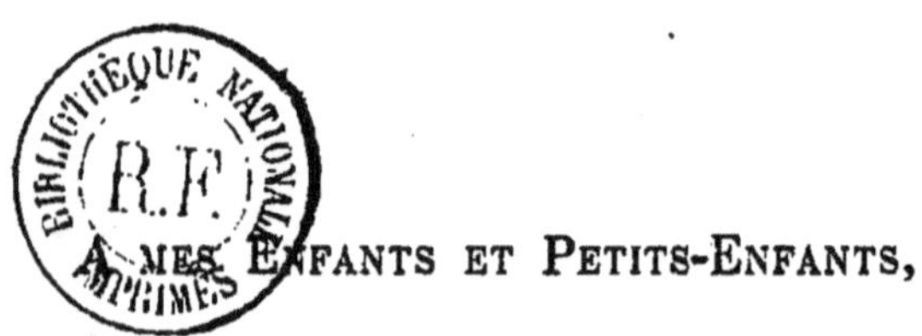

A mes Enfants et Petits-Enfants,

*J'ai voulu réunir à votre intention dans un seul volume les divers documents intéressant l'histoire de deux des branches de votre famille. Par elles, vous vous rattachez, comme moi, à Jeanne d'Arc, l'héroïne d'Orléans. A ce souvenir glorieux viennent s'en ajouter d'autres, que vous ne devez pas ignorer.*

*Votre aïeul, Luc Duchemin de la Haulle, son père et ses fils, ont joué un rôle important dans l'histoire de Saint-Lo, ma ville natale, au cours du XVIIe siècle. Le présent opuscule vous rappellera les faits principaux qui ont marqué l'existence de ces loyaux serviteurs du Roi, de ces utiles administrateurs municipaux, de ces Catholiques zélés.*

*J'ai puisé mes renseignements, d'abord dans les manuscrits de Toustain de Billy, l'historien classique de Saint-Lo, puis dans le* Journal de Luc Duchemin de la Haulle, *publié récemment à Caen, par M. l'abbé Bourrienne. Un imprimé rarissime qui concerne notre ancêtre, et qu'ont bien voulu me communiquer très gracieusement M. le chanoine de Mary de Longueville et M. de la Broïse, descendants eux aussi de Luc Duchemin de la Haulle, m'a montré à quel point ses concitoyens estimaient celui dont le roi Louis XIV avait fait un conseiller d'État.*

*Les différents actes d'état-civil cités par moi, sont extraits des registres de baptêmes et mariages de la paroisse de Saint-Patrice-de-Claids, arrondissement de Coutances, des registres de l'état-civil de la commune de Saint-Patrice-de-Claids. Dans cette commune est situé le domaine et le château de Claids, appartenant encore aux descendants des familles du Saussey, Renard, Du Chemin, Le Forestier et Kadot de Sébeville.*

*Les archives de ce château, ou plutôt ce qui en a survécu, m'ont fourni aussi quelques pièces.*

*Enfin, il m'a paru utile de joindre aux documents généalogiques et historiques concernant les Duchemin, le texte, déjà publié, de lettres patentes signées par le roi Charles X, qui fixent la jurisprudence adoptée par le gouvernement de la Restauration en matière de descendance de la famille de la Pucelle.*

*Aux termes de ces lettres, l'édit de Charles VII a conservé toute sa force et opère comme de plein droit, sauf reconnaissance en fait de l'authenticité de la filiation. Le roi déclare « maintenir et confirmer », la bénéficiaire des lettres patentes, « dans la jouissance et possession de la noblesse, telle qu'elle a été accordée par les lettres patentes de 1429..... à Jeanne d'Arc, dite la Pucelle, à ses père et mère, à ses frères et à toute leur postérité masculine et féminine ». Il n'y a pas là un anoblissement, mais la constatation d'un droit antérieur à l'apposition de la signature royale. C'est là ce qui fait l'intérêt de ce document.*

*Vous n'appartenez pas seulement par vos aïeuls maternels, à la famille de la libératrice d'Orléans. Mon père descendait, lui aussi, par sa mère, née Amélie Gosset, de Jacques Le Fournier, sieur de Villamblay, petit-neveu de la Pucelle. J'ai tenu à vous faire connaître cette filiation, avec les pièces qui la justifient.*

*Vos autres ancêtres ont aussi leur histoire, qui sera peut-être publiée un jour. Il était bon de sauver d'un oubli possible, avant toutes les autres, celle de la famille Duchemin et de garder le souvenir de la parenté des Gosset avec les frères de Jeanne d'Arc.*

Gaëtan GUILLOT.

# GÉNÉALOGIE
# de la Famille Duchemin

SA FILIATION AVEC
## UN FRÈRE DE JEANNE D'ARC

I. — *Jacques Day* ou *d'Arc*, né à Ceffonds, près Montierender (1380-1431), marié à *Isabelle Romée de Vouthon* (1387-1458).

II. — *Pierre* dit *Piërrelo Day* ou *d'Arc*, le chevalier du Lys, seigneur de l'Isle-aux-Bœufs, près d'Orléans, marié en deuxièmes noces avec *Jeanne de Proville*, aliàs *de Prouville*, dont, entre autres enfants :

III. —*Jehanne*, aliàs *Catherine d'Arc du Lys*, mariée avec *François de Villebresme*, receveur des décimes d'Orléans, dont :

IV. — *Marie de Villebresme*, mariée avec *Jacques Le Fournier*, sieur de Villamblay, baron de Tournebu, grenetier au grenier à sel de Châteaudun, puis receveur des tailles en l'élection de Caen, dont :

V. — *Jeanne Le Fournier de Tournebu*, épouse en premières noces, par contrat du 16 juillet 1517, *Lucas Du Chemin*, écuyer, sieur du Féron, du Mesnil-Guillaume, de Cesny-en-Cinglais, etc., conseiller au présidial de Caen, fils de Guillaume Du Chemin et de Suzanne de Tournebu (1º), dont :

VI. — *Lucas Du Chemin*, (2°, 3° et 4°), écuyer, sieur du Féron, de la Haulle, de Semilly, du Mesnil-Guillaume, etc., conseiller du roy au présidial de Saint-Lo (1552), fait ses preuves de la descendance de la famille d'Arc (arrêt du parlement de Rouen, du 30 juin 1565), lieutenant général du Roy au bailliage du Cotentin (lettres patentes de Charles IX, du 8 juin 1570,) mort en 1574, marié à Caen le 13 mars 1540 (2°), avec *Isabeau Renault*, dont :

VII. — *Jean Du Chemin*, (5°, 25° et 26°), écuyer, sieur du Féron, de la Haulle, seigneur et patron de Semilly, d'Hébécrévon, etc. (Arrêt de décharge des francs-fiefs, 19 août 1576), inspecteur des troupes envoyées par Elisabeth d'Angleterre au secours de Henri IV, alors prétendant, maintenu par Roissy (2 mars 1599), marié le 15 janvier 1610 avec *Marthe Le Mazurier* (5°), dont :

VIII. — *Luc Du Chemin,* (6°), écuyer, sieur du Féron, de la Haulle et d'Hébécrevon, né à La Meauffe le 2 février 1611, député de la noblesse de Normandie aux Etats tenus à Tours en 1631, maintenu par d'Aligre le 18 décembre 1634, lieutenant général civil et criminel au bailliage de Saint-Lo en 1636, conseiller d'Etat le 13 mai 1653, (6°), mort en 1686, marié le 4 juillet 1630 avec demoiselle *Françoise de Saint-Martin* , dont :

IX. — *Luc-Nicolas Du Chemin* qualifié dans l'acte de mariage de son fils, (archives de la fabrique de Saint-Patrice-de-Claids), messire *Luc-Nicolas Du Chemin*, (8°, 9° et 10°), chevalier, seigneur de Bahais et des Pézerils, blessé à la bataille de Senef, en 1674, marié avec noble dame *Marie-Marguerite Jourdain*, aliàs *Jourdin de Barenton*, dont le suivant, et une fille, *Marie-Anne Du Chemin de Mesnil-Durand*, mariée à Louis Porée de Val-Hébert, (22°)

X. — *Pierre-Claude-Robert-Camille Du Chemin de Saint-Luc,* (9°, 10° et 11°), chevalier, seigneur châtelain du Mesnil-Durand et de Hébécrévon, chevalier du Carmel et de Saint-Lazare, parrain de la grosse cloche de Notre-Dame,

commandant au gouvernement de Saint-Lo en 1715 ; marié
le 4 août 1716, avec *Marie-Anne Renard de Claids*, aliàs
*Claye*, fille de Charles Renard, escuyer, seigneur de Claids,
gendarme de la garde du Roy, et de noble dame Margueritte
du Saussey (10°).

XI. — Messire *Antoine-Charles-François-Camille Du
Chemin*, chevalier, seigneur et patron de Claids, châtelain des
paroisses du Mesnil-Durand et Hébécrévon, Bretel, Coudeville et autres lieux, épouse en 1674, le 28 octobre, (14°,
15° et 16°), noble dame *Barbe-Jeanne Van Everbroeck*,
dont *Elisabeth-Antoinette-Barbe Du Chemin de Claids*,
qui épousa Pierre-François Beaudrap de Sotteville, et :

XII. — *Geneviève-Charlotte-Marie Du Chemin de Claids*,
née à Saint-Patrice, le 8 septembre 1756, épouse avant le
29 novembre 1780, Messire *Pierre-Hyacinthe-Henry Le
Forestier*, baron, seigneur et patron de Claids, seigneur de
Mesnil-Amand, lieutenant en pied au régiment Royal des
Vaisseaux, (18°, 19° et 20°).

XIII. — *Charlotte-Hyacinthe-Bonaventure Le Forestier
de Claids*, née le 10 novembre 1786, à Saint-Patrice-de-
Claids, (19°, 20° et 21°), épouse le 17 juin 1816, *Denis-
Alphonse Kadot de Sébeville*, écuyer, fils de Messire Guillaume-Remy-Charles Kadot, comte de Sébeville, ancien colonel d'Infanterie, chevalier de l'Ordre Royal et militaire de
Saint-Louis et de noble dame Marie-Charlotte-Louise-Elisabeth Hébert de la Maillardière, dont :

XIV. — *Elisabeth-Claudine Kadot de Sébeville*, née le
7 novembre 1820, à Saint-Patrice-de-Claids, épouse le 1er
octobre 1850 *Paul Guillot*, fils de *Louis-Alexandre-
Félix Guillot*, chevalier de la Légion d'honneur, ancien
maire de la ville de Saint-Lo, ancien sous-préfet, et de dame
Amélie-Antoinette-Désirée Gosset, dont :

XV. — 1° *Gaëtan-Octave Guillot*, licencié en droit, ancien
maire de Saint-Gilles, né le 30 octobre 1851, marié le 3 février
1875, à Périers, à *Blanche-Marie Le Brun de Blon*, fille de

Marie-Albert Le Brun de Blon et de Céline-Marie Lescaudey de Maneville ; dont quatre enfants qui suivent ;

2° *Amélie-Geneviève Guillot*, née le 30 novembre 1852.

XVI. — 1° *Madeleine-Marguerite-Marie Guillot*, née le 1er janvier 1876, mariée le 8 mai 1895, à Saint-Lo, à *Louis-Marie-Joseph-Pierre de Gérault de Langalerie*, dont :

Marie-Henriette-Josèphe-Blanche, née le 17 septembre 1896 ; Christine-Jeanne-Marie-Josèphe-Gaëtane, née le 6 mars 1898 ; Antoinette-Marie-Josèphe, née le 2 octobre 1900 ; Charles-Henri-Marie-Joseph-Ferdinand, né le 29 novembre 1901 ; Marguerite-Marie-Josèphe-Paule, née le 23 août 1903 ; Henri-Marie-Joseph-Pierre, né le 23 février 1908.

2° *Thérèse-Amélie-Marie Guillot*, née le 13 janvier 1877, mariée le 28 septembre 1900, à Saint-Lo, à *Maxime-Charles-Marie*, vicomte *du Merle*, dont :

Foulques-Bonaventure-Marie, né le 23 septembre 1901 ; Odette-Marie-Josèphe-Gaëtane, née le 25 décembre 1902 ; Catherine-Louise-Marie-Céline, née le 4 décembre 1904 ; Madeleine-Augustine-Marie, née le 9 avril 1907.

3° *Elisabeth-Marie Guillot*, née le 5 septembre 1878, mariée le 10 mai 1897, à Saint-Lo, à *Guy-Charles-Casimir de Guernon*, dont :

Robert-Marie-Arthur, né le 23 août 1898 ; Gérard-Marie, né le 18 octobre 1900 ; Madeleine-Paule-Marie, née le 13 août 1902 ; Bernadette-Marie, née le 12 octobre 1904.

4° *André-Marie*, né le 15 novembre 1879, mort le 13 décembre 1881.

5° *André-Augustin-Marie Guillot*, Lieutenant au 13e hussards, né le 17 juin 1882.

# GÉNÉALOGIE DES FAMILLES
# DE MARGUERIE, GOSSET, GUILLOT

### LEUR FILIATION AVEC
### UN FRÈRE DE JEANNE D'ARC

Les numéros I à IV comme ci-dessus.

V. — *Robert Le Fournier*, épouse *Marie de Mellissent*, a une sœur qui épousa (V. ci-dessus), *Lucas Duchemin*.

VI. — *Marie Le Fournier*, épouse *Jean de Marguerie*, seigneur de Sorteval.

VII. — *Jean de Marguerie*, seigneur de Fontenay, épouse *Madeleine Le Bourgeois*.

VIII. — *Bernardin*, épouse *Olive Lenepveu de Dungy* (1631).

IX. — *Jean*, épouse *Marie Avenel* (1670).

X. — *Madeleine de Marguerie*, épouse *Gabriel Burel*.

XI. — *Marie Burel*, épouse *Jean-Antoine Gosset*, sieur du Taillis, greffier au grenier à sel de Bayeux (1737).

XII. — *Richard Gosset*, épouse *Catherine Aubert*.

XIII. — *Amélie-Antoinette-Désirée Gosset*, épouse *Louis-Alexandre-Félix Guillot*, chevalier de la Légion d'honneur, ancien maire de Saint-Lo, ancien sous-préfet des arrondissements de Bayeux et de Domfront, conseiller général de la Manche, ancien maire dé Saint-Gilles. Mlle Gosset avait un frère dont la postérité se continue.

XIV. — *Paul Guillot*, ancien maire de Saint-Gilles, épouse demoiselle *Elisabeth-Claudine Kadot de Sébeville* (1850).

XV. — Comme à la précédente généalogie.

# DOUBLE DESCENDANCE DE M. GAETAN GUILLOT DE JACQUES D'ARC, FRÈRE DE LA PUCELLE D'ORLÉANS.

I.— Jacques d'Arc épouse Isabelle Romée.

II. — Pierre d'Arc épouse Jeanne de Prouville.

III. — Catherine d'Arc épouse François de Villebresme.

IV. — Marie de Villebresme épouse Jacques Le Fournier.

V. — Robert Le Fournier épouse Marie de Mellissent.

V. — Jeanne épouse Lucas Duchemin.

VI.— Marie Le Fournier, ép. Jean de Marguerie

VI. — Lucas Duchemin, ép. Isabeau Renaut.

VII.— Jean de Marguerie ép. Madeleine Le Bourgeois.

VII. — Jean Duchemin, ép. Marthe Lemazurier.

VIII. — Bernard de Marguerie, ép. Olive Lenepveu de Dungy.

VIII. — Luc Duchemin ép. Françoise de Saint-Martin.

IX.—- Jean de Marguerie, ép. Marie Avenel de Chefdeville.

IX. — Luc Duchemin ép. Marie Jourdain.

X.— Madeleine de Marguerie ép. Gabriel Burel.

X. — Pierre Duchemin ép. Marie-Anne Renard de Claids.

XI. — Marie Burel ép. Jean Gosset.

XI. — M. Antoine Duchemin ép. Barbe Van Everbroeck.

XII. — Richard Gosset ép. Catherine Aubert.

XII. — Géneviève Duchemin ép. Pierre Le Forestier de Claids.

XIII. — Amélie Gosset ép. Louis Guillot.

XIII. — Charlotte Leforestier ép. Denis Kadot de Sébeville.

XIV. — Paul Guillot épouse

XIV. — Elisabeth Kadot de Sébeville.

XV. — Gaëtan Guillot épouse Blanche Le Brun de Blon.

## ARMOIRIES

D'Arc : *d'Azur à la couronne d'or soutenue d'une épée montée d'or, accostée de deux fleurs de lys de même.*

Le Bourgeois : *d'Azur à la fasce d'or, accompagnée de 3 besants de même, 2 en chef, un en pointe.*

Le Nepveu de Dungy : *d'Azur à 3 épées d'argent, la garde et la poignée d'or, posées en pal, la pointe en bas et dirigées en fasce.*

Marguerie : *d'Azur à 3 marguerites d'argent, œilletées d'or, au pied feuillé de sinople.*

Saint-Martin : *De sinople à 3 glands d'or, au chef cousu de gueules, chargé de 3 coquilles d'argent.*

Duchemin : *De gueules au lion d'hermine.*

Le Forestier : *D'argent au lion de sable, armé, couronné et lampassé d'or.*

Kadot : *De gueules à la hure de sanglier de sable, allumée et défendue d'argent, accompagnées de 3 roses d'or.*

Du Saussey : *D'hermine à un sautoir de gueules.*

Van Everbroeck : *d'Azur au cygne d'argent, becqué et membré de gueules.*

## II

# Pièces Justificatives

1º « *Généalogie des Duquemin ou Duchemin.*— Duchemin porte *de gueules au lion d'hermine.*

Celuy qui épousa la Fournier descendue d'un des frères de la Pucelle prit les armes de cette Pucelle ; mais depuis quelque temps ses descendants l'ont quittée.

On trouve dans quelques histoires qu'un Jean Duchemin passa en Angleterre avec le Conquérant, encore un autre Duchemin avant celui-cy, soubs le Duc de Normandie surnommé le Libéral, appelé Richard, vers l'an 1026.

Ce qui est certain, c'est qu'au catalogue des seigneurs imprimé à la fin de l'histoire de Normandie par Dumoulin, on y trouve Thomas Duquemin ou Duchemin avec l'escu que nous venons de marquer : de gueules au lion d'hermines.

Le premier degré bien connu en cette famille est de Charles Duchemin, lequel on trouve avoir esté inhumé en l'église de N.-D. de Rouen, en l'an 1270, et fut père de :

Jean Duchemin, esc<sup>r</sup>, lequel, par contract soubz signe privé du deux octobre 1302 passé à Rouen, dans lequel contract ledit Jean est dit escuyer, espouza Jeanne Baille, fille de Guillaume, aussy escuyer, et pour la dot de son espouze, ce Baille luy céda certaines portions d'héritages contestés entre eux. Sortis de ce mariage :

Estienne Duchemin, lequel espouza Marguerite de Gladat. On a un extrait de l'Echiquier de Normandie du 4 janvier 1332, qui porte qu'Estienne Duchemin, escuyer, avoit esté

créé l'an précédent procureur dudit échiquier. Son contract de
mariage avec cette de Gladat est reconnu à Alençon au mois
de décembre de 1333. Elle estoit fille de Messire François de
Gladat, chevalier. Il en eut deux fils : Guillaume qui suit,
aisné, et Jean Duchemin, cadet, qui s'establit en Champagne,
duquel la postérité subsiste encore.

Guillaume Duchemin, escuyer, suivant leur contract de
mariage du mois de décembre 1368, espouza Yvonne Le
Tresflier... On a un certificat du seigneur de Harcour, du
mois de juin 1366, par lequel il paroist que Guillaume Duchemin, escuyer, servit sous luy en Terre-Sainte sous Pierre,
roi de Chipre. Il fut père de :

Hugue Duchemin, escuier, lequel, par contract passé devant
les tabellions de Caen au mois de mars 1403, espouza Charlotte
de Neufmarché, fille de Claude de Neufmarché, chevalier,
et de Jeanne de la Haye. On a encore un acte du seigneur
Carbonnel par lequel il témoigne que Hugues Duchemin,
escuier, estoit du nombre de ceux qui l'accompagnèrent en
Hongrie, soubz Jean de Bourgogne, contre Bajazet. Cet acte
est de 1397. Il fut père de :

Lucas Duchemin, escuier, lequel, par contract soubz signe
privé datté de Rouen le sept mars 1445, espouza Françoise de
la Heuze, fille d'Eude de la Heuze, chevalier, fille de Françoise
de More et d'Hélène de Rohan. On a encore un adveu rendu au
Roi le 15 janvier 1450, de la terre et seigneurie de Semilly
par ledit Lucas Duchemin, et fut père de :

Guillaume Duchemin, qualifié comme ses prédécesseurs
d'escuyer dans le contract de mariage passé à Falaize le. . . .
. . . . . . . . . par lequel il espouza Suzanne de Tournebu,
petite-fille de Jean, sire de Tournebu, et de Marie d'Harcourt.
Il est qualifié de chevalier en ce contract. On a un certificat
du sieur Paisnel, commandant général de la Noblesse de
Normandie, comme ledit Guillaume servit en l'arrière-ban de
l'année 1471, avec un second du même seigneur par lequel
ledit Guillaume Duchemin servit ensuite en qualité de capi-

taine de cinquante hommes d'armes des ordonnances. Il fut père de :

*Lucas Du Chemin,* escuyer, sieur de Semilly. Il fut commissaire général de l'armée de France en Italie, comme il paraît par l'attestation de Charles de Bourbon, connestable de. France, en l'an 1515. Il espousa Jeanne Fournier, fille de Robert. Le contract de leur mariage est passé à Caen, en juillet 1527. Il est qualifié escuyer en ce contract. Cet aliance a fait tort à ses descendants. Elle estoit très avantageuse et honorable en ce temps là, elle donnoit moyen aux pères de marier leurs filles pour rien parcequ'elles anoblissoient les maisons où elles entroient. Cet intérêt engagea notre Lucas Du Chemin a porter cet aliance si haut qu'elle a donné lieu de croire que sa noblesse propre venoit de ce côté là, d'autant plus, comme nous l'avons déjà remarqué, qu'il quitta l'escu de ses ancêtres pour prendre celui de la Pucelle, qui est d'azur à une espée d'argent à la garde et poignée d'or, soutenant de la pointe une couronne d'or accostée de deux fleurs de lys de même. » T. de Billy. *Généalogie de la famille Du Chemin.* (B. N<sup>le</sup>, ms. fr. 4900). Art. Lucas Du Chemin.

Le même Toustain de Billy dit dans les *Mémoires pour l'histoire du Cotentin et de ses villes de Saint-Lo et de Carentan.* Publié par la Société d'Archéologie, etc., du département de la Manche.

« On a fait tort à cette dernière famille (Duchemin)... en disant et en écrivant que la noblesse des Duchemin est venue de l'alliance de la Pucelle d'Orléans, c'est-à-dire par le mariage fait en 1517 de Lucas Duchemin avec Jeanne Fournier, fille de Robert et petite-fille de Pierre du Lys, frère de la Pucelle, puisqu'il paroît, par plusieurs titres, dont nous avons vu les copies, qu'avant cette alliance, les Duchemin prenoient la qualité d'écuyers ou chevaliers.

Ainsi, Guillaume Duchemin, père de ce Lucas, est vérifié noble d'armes et de race dans l'attestation du service d'arrière-ban à lui délivrée par le sieur Paisnel, commandant général de la noblesse de Normandie, en 1471, ainsi que dans son traité de mariage passé à Falaise avec Suzanne de Tournebu, aussi en le même temps. Lucas Duchemin, père de ce Guillaume, portoit la même qualité ainsi qu'il paroît par son traité de mariage avec Françoise de la Heuze, daté du 17 mars 1445 et par l'aveu de sa terre de Semilly rendu au roi le 15 janvier 1450, étant partout traité d'écuyer. Le père de ce Lucas, nommé aussi Guillaume, avoit la même qualité, ainsi qu'il paroît par son traité de mariage avec Charlotte de Neufmarché passé devant les tabellions de Caen en 1403 ; et, pour ne pas aller plus loin, le père de celui-ci, en épousant en 1368, Gavote Le Tresflier, prend la qualité d'écuyer dans son traité de mariage, passé devant les tabellions à Rouen.

Tout ce que dessus est une preuve évidente que ce Lucas Duchemin, II\u1d49 du nom, prenant alliance avec la Fournier, petite-nièce de la Pucelle, étoit un avare qui espérait par cette alliance, marier ses filles et petites-filles pour aucunes autres choses que pour le droit d'annoblir les maisons où elles entre-roient, comme il fit en effet. Ce qui est si vrai que lui-même, en son traité de mariage avec la Fournier, prend la qualité d'écuyer, fausseté manifeste, s'il l'avoit eue seulement après ce mariage. »

(*Mémoires,* etc., p. 152).

2º « *Lucas Du Chemin*, trois du nom Il fut conseiller du Roy au présidial de Cotentin établi à Saint-Lo en 1552 et fut lieutenant général du bailli de Cotentin en cette ville. Par contract passé devant les tabellions de Caen, le 3ᵉ de mars 1540, il espousa Isabeau Renault, fille de Hugue, escuyer et petite fille de Jean Renault et de Jacqueline de Montmorency son espouse. » (*Généalogie* des Du Chemin.—Art. Lucas Du Chemin).

3º « *Le même Toustain de Billy* cite un extrait du « registre des causes traitées en ce siège présidial » établi en 1551 par le roy Henri II. Dans cet extrait, Lucas Du Chemin est indiqué comme premier conseiller dans l'ordre du tableau. Ce tableau

est transcrit tout au long par l'historien. (*Mémoires pour
l'histoire du Cotentin et de ses Iles. Villes de Saint-Lo et
de Carentan*. Publié par la Société d'Archéologie, etc. du
département de la Manche, p. 68).

4° « *T. de Billy* rappelle qu'il y eut vers le milieu du xvii°
siècle un procès entre le Seigneur de Mesnil-Durand, d'une
part (Lucas Du Chemin), et le seigneur de Conteville, à propos
des titres d'une propriété achetée par celui-ci du Seigneur de
Mesnil-Durand. Lucas Du Chemin fut appointé à prouver que
les titres avaient été brûlés pendant les guerres de religion.
L'historien cite les dépositions suivantes : « Pierrette Leroy,
aagée de 84 ans, dit qu'elle a vu prendre par guerre, trois fois
ceste ville de Saint-Lo, et qu'elle estoit aagée de 13 à 14 ans
quand les Bretons la vinrent prendre, il y a près de
70 ans. »

« Les dits Bretons furent chassés une année après, et on
faisait toute sortes de cruautés aux prestres et aux catholiques
des environs, bruslant et pillant leurs maisons, particulièrement
celle de Lucas Du Chemin, escuyer, sieur du Féron, qui estoit
juge en ladite ville, et qui estant allé demeurer dans sa terre
de la Vaucelle, tout le bruit estoit que les huguenots y avaient
été pour le tuer et avaient bruslé tous les ornements de la
chapelle Sainte - Pernelle, où l'on allait beaucoup en
pèlerinage. »

« Jean Louis dit qu'il avait 17 ans, lorsque, à la fin de 1561,
le sieur de Sainte-Marie d'Agneaux se joignit aux huguenots et
s'associa aux violences dont ceux-ci se rendirent coupables....

« Se souvient le parlant que le capitaine Groucy, après
avoir fait abattre les images du dedans de l'Eglise et du portail
de N.-Dame, fut, avec ses soldats, abattre la grande croix qui
estoit vis à vis de la chapelle Sainte-Pernelle de la Vaucelles,
et pillèrent la maison et voulurent tuer Lucas Du Chemin,
escuyer, sieur du Féron, qui estoit le premier magistrat de
cette ville, qui fut obligé de se retirer dans sa terre de la
Meauffe. »

Le témoin Jean Louis continue :

« où il mourut en 1574, le jour que Saint-Lo fut pris, après trois assauts par M. de Matignon. » (1)

(*Mémoires*, etc., pp. 83 et 99. (2)

« Déposé ladite Perrette Leroi qu'elle se souvient bien que l'on disoit que ledit sieur de la Haulle, fils dudit sieur du Féron, avoit esté vendu au sieur de la Dampierre, qui tenoit fort dans le chasteau de Neuilly l'Evesque, lequel vint la nuit dans un bateau avec plusieurs soldats le long de la rivière, jusqu'à la maison de la Haulle, pétardèrent et enfoncèrent les portes, prirent ledit sieur de la Haulle, et luy en cousta mille escus pour sa rançon, et aussitost qu'on (en) eut donné advis au comte de Thorigny, il assiégea et prist ledit chasteau de Neuilly..... Un an ou deux aprèz, il fut encore pris prisonnier sur le pont Hébert et conduit à Fougères, et lui cousta ceste fois 4.000 livres..... »

« Ces guerres continuelles obligèrent le Roi de demander du secours à la reine d'Angleterre contre les Espagnols et les Italiens, que les Ligueurs avaient fait entrer dans le royaume. Le secours descendit à Granville, et M. de la Haulle Duchemin fut encore choisi par le roi pour les aller recevoir et conduire où seroit Sa Majesté comme le témoignent ces dépositions déjà tant de fois citées. »

« Ce même M. de la Haulle ayant été établi gouverneur de Saint-Lo, il fut résolu d'achever les fortifications de Saint-Lo, lesquelles étaient demeurées très-imparfaites jusqu'alors..... On acheta des paroissiens de Saint-Thomas les matériaux de leur église qui, comme nous l'avons dit, étant placée sur ce qu'on appelle les Champs Saint-Thomas, faisoit face à la citadelle... »

« On les acheta pour un prix considérable qu'on dit encore à payer ; j'en ai vu le billet ; mais MM. les intéressés savent user de prescription. » (*Mémoires*, etc., pp. 124 et 126.)

---

(1) Saint-Lo fut repris par les catholiques, le 10 juin 1574, jour et fête du Saint-Sacrement.

(2) Bahais, l'une des seigneuries des Du Chemin, est sur le territoire de la Meauffe.

5° « *Jean Du Chemin*, escuyer, lequel par contract de janvier 1610, espousa Marthe Le Masurier, fille de Robert Le Masurier, escuyer, et de Anne d'Anceray de Courvaudon, fut inspecteur des troupes envoyées par la reyne Elisabeth au roy Henri quatre. Nous avons souvent parlé de lui dans les Mémoires de la ville de Saint-Lo, et comme il fut deux fois prisonnier des Ligueurs. Il eut deux fils, Luc, qui suit et Laurent, mort sans postérité. Ce Laurent Duchemin fut député par la noblesse du baillage de Cotentin pour assister aux État de Normandie. On conserve encore les lettres de feu M. le duc de Longueville, pour faire prester serment de fidélité à la noblesse du Costentin d'observer les lois faites par le Roy contre les duels : elles sont du 16 Janvier 1655, jointes à un autre acte par lequel la noblesse presta le serment de la même année. On a aussi des lettres patentes adressées au même Laurent Duchemin pour commander le régiment d'Angoulesme : elles sont du 13 septembre 1646, après un certificat du duc d'Angoulesme de l'an précédent, comme ledit Duchemin avait très bien servi en son régiment. »

(*Généalogie* des Du Chemin, art. Jean).

6° « *Luc Du Chemin*, escuyer, sieur de la Haulle, Hébé-crévon, Mesnil-Durand, Bahaye, etc., lieutenant général au bailliage de Saint-Lo. En 1631, il fut créé commissaire de la noblesse qui fut en Allemagne, on a le certificat de son service en cette qualité. Il obtint en 1653 un brevet de conseiller d'Etat honoraire en récompense des bons services rendus au Roy pendant sa minorité, fut député par les Estats de Normandie pour les Estats généraux qui devoient se tenir à Tours. L'acte de la députation est du 15 aoust 1631. Il avait épousé le 14 juillet 1630, Françoise de Saint-Martin, de laquelle (sic) dont deux, N., Seigneur de Mesnil-Durand, et N., Seigneur de Milly, moururent avant leur père. »(*Généalogie*, art. Luc.)

7° *Luc Duchemin*, escuyer, sieur de la Haulle, sieur de Saint-Luc, lequel ayant espousé N. Jourdain, a laissé deux enfants mineurs, Camille Duchemin, escuyer, mineur et damoiselle

Elisabeth Duchemin. Luc est mort en 1701. » (*Généalogie,* art. Luc).

6° « *Luc Du Chemin de la Haulle,* seigneur et patron de Mesnil-Durand et de Hébécrévon, Conseiller du Roi en ses conseils, lieutenant général civil et criminel au bailliage de Saint-Lo, naquit à la Meauffe, le 2 février 1611. Fils d'un homme recommandable, redouté des Huguenots, et chargé de missions importantes par le roi Henri IV, il fit d'excellentes études, quoiqu'il eût perdu son père de très jeune âge : il avoit à peine vingt-cinq ans lorsqu'il fut, en 1636, pourvu de la charge de lieutenant général civil et criminel au bailliage de Saint-Lo. Il y fut reçu en 1639, rendit dans ces fonctions d'éminents services à l'Etat et à ses concitoyens, surtout pendant la minorité de Louis XIV : il en fut récompensé, le 13 mai 1653, par un brevet de Conseiller d'Etat ; plus tard, le 9 juillet 1677, il fut déclaré « exempt de contribuer pour l'Arrière-Ban, à cause de ses services tant dans les fonctions de sa charge que dans le soin qu'il avait pris en 1674 de lever et de discipliner les troupes destinées à la défense des côtes de Normandie contre l'armée navalle de Hollande. » (*D'Hozier. Armorial général de France, etc.* V° Duchemin (cité dans une note sur les *Mémoires,* p. 191, note 3.

7° « Par ordonnance du Roi, l'on divisa en 1636 la charge de lieutenant général du bailli de Cotentin, au siège de Saint-Lo ; et feu M. de la Haulle, Luc Duchemin, écuyer, fut créé, de cette façon, lieutenant général alternatif avec feu M. de Martigny, Charles Lemennicier, aussi écuyer..... »

« J'ai ouï attribuer le salut de cette ville et aussi d'une bonne partie de la province, à la sagesse d'un de ses magistrats, feu M. de la Haulle Duchemin. Ce gentilhomme étoit serviteur particulier de la maison de Longueville, et conséquemment de celle de Matignon ; mais, comme il l'étoit encore plus du Roi par sa naissance et par sa charge (il) jugea qu'il étoit important d'empêcher l'union des troupes de ce prince et de ce seigneur, lesquelles jointes auraient pu causer de grands désordres. Pour donc amuser M. de Matignon, en lui donnant un os à ronger, il lui proposa le siège de Valognes, qui, ayant été suivi de la paix, empêcha mille partialités qui naissaient de toutes parts jusque dans les familles mêmes. »

« J'ai appris ce que je dis des plus sages et des plus anciens de Saint-Lo, qui en ont conservé une mémoire avantageuse à la mémoire de ce magistrat. Le cardinal Mazarin reconnut en lui ce bon service : il lui en écrivit une lettre qui se conserve encore dans les archives de la maison, et le créa conseiller d'Etat en 1653 ; il est porté nommément, dans la patente de cette création, que c'est pour les bons et fidèles services rendus au Roi pendant sa minorité. »

« Le Roi étant devenu majeur, il jugea à propos de signaler sa majorité par la défense des duels. Il fut trouvé bon pour cela d'obliger la Noblesse (de jurer) l'observation exacte de cette ordonnance. Nous avons vu, dans les archives de la maison du premier magistrat de cette ville, je veux dire de la maison Duchemin, l'ordonnance de feu M. le duc de Longueville, datée du 1er de Janvier 1655, adressée à Laurent Duchemin, écuyer, sieur de la Vaucelle, frère de M. de la Haulle, qui en ce temps avait été créé conseiller d'Etat, pour faire prêter à la noblesse du Cotentin, entre ses mains, cette sorte de serment. »

*Mémoires*, etc., pp. 138, 141, 112.

8° « *Luc Du Chemin,* escuyer, sieur de Saint-Luc lequel ayant épousé N. Jourdain (1) a laissé deux enfants mineurs ; Camille Du Chemin, escuyer, mineur, et Damoizelle Elizabeth Du Chemin. Luc mourut en 1701. » (*Généalogie*, art. Luc).

9° « 1715. Le 5° de juin audit an a été par moy vicaire soussigné baptisé un fils pour Pierre-Laurent Cavey et Suzanne Sénoville, sa femme, nommé Pierre Camille, par noble demoiselle Marie Anne de Claids, assistée de noble homme Messire Pierre-Camille Du Chemin, seigneur et patron

_______________

(1) Marie-Marguerite, d'après l'acte de mariage de son fils, *infra.*

de Mesnil-Durand et de Hébécrévon, et ce aux présences de discrète personne, M. François Mahias, prêtre, de François Vigot et de plusieurs autres témoings.

Signé : Marie Anne de Clais, Du Chemin de Saint-Luc. »

« Extrait des archives de Saint Patrice de Claids et collationné par moi, archiviste du département de la Manche, le 15 août 1894. Signé : F. Dolbet. ».

10° « 1716. Le quatre du mois d'août mille sept cent seize, a été par nous curé de Millières, célébré le mariage de Messire Pierre-Claude-Robert-Camille Du Chemin, chevalier, seigneur chatelain de Mesnil-Durand et de Hébécrévon, fils de feu messire Luc-Nicolas Du Chemin, chevalier, seigneur de Bahais et des Pezerils, et de noble dame Marie-Marguerite Jourdin, de la paroisse de Notre-Dame de Saint-Lo, et demoiselle Marie-Anne Renard de Claye, fille de Charles Renard, escuyer, seigneur de Claids, gendarme de la garde du roy, et de noble dame Margueritte du Saussey, après les publications de bans faites ès paroisses de N.-D. de Saint-Lo et de cette paroisse ; la dispense de bans accordée à l'égard du seigneur du Mesnil-Durand, par M. l'official de Saint-Lo, en date du 27 de juillet, de même à l'égard de ladite demoiselle, par M. Donet, grand vicaire de Mgr l'Evêque de Coutances, en date du 28 juillet dernier, par laquelle dispense il nous permet de marier les parties et ce du consentement du sieur Pellehaste, vicaire de Notre-Dame de Saint-Lo, et du sieur curé de cette paroisse, en présence des seigneurs et dame de Clays, de ladite dame Jourdin, du seigneur de la Couvillère, beau-père dudit seigneur de Mesnil-Durand, du seigneur de Cahorel, commandant de Saint-Lo, du seigneur d'Ancteville, cousin-germain dudit seigneur du Mesnil-Durand, du seigneur de Bragelongne, cousin aussi dudit seigneur du Mesnil-Durand, présence aussi de M. Jacques Renaud, avocat à Périers.

Signés :

Du Chemin de Saint-Luc, Marie-Anne Renard, Jourdin de Barenton, Renard, Françoise-Margueritte du Saussey, le

Conseiller Buhard, Du Chemin de Cahorey, Hellouin, Marthe Du Chemin, Du Chemin d'Anctevile, de Bragelongne, Regnault, Capelain, Breton. »

« Extrait de l'état-civil de Saint Patrice de Claids et collationné par moi, archiviste du département de la Manche, le 15 août 1894. Signé : F. Dolbet. »

11° « 1717. Le 22ᵉ de juin, audit an, par moi soussigné, curé, a été baptisée une fille, née de· légitime mariage de messire Pierre-Claude-Robert-Camille Du Chemin, chevalier, seigneur et chatelain du Mesnil-Durand et de Hébécrévon et de noble dame Marie-Anne Renard, son espouse, nommée Magdeleine Geneviève Marguerite, par noble dame Françoise-Marguerite du Saussey, dame et patronne de Claids, assistée de Pierre-Jacques Simon, prêtre, curé dudit lieu, en présence de François Mahias, prêtre, et de Marcelin Bigot, custos. »

« Extrait des registres de l'état-civil de Saint Patrice de Claids et collationné par moi, archiviste de la Manche, le 14 août 1894. Signé : F. Dolbet. »

12° « 1724. *Marguerite-Françoise Gourdan*, fille de Michel et de Marie Lerouge, sa femme, née du jour d'hyer, a été nommée par Mademoiselle du Mesnil-Durand, assistée de messire Pierre-Claude-Camille Du Chemin, du Mesnil-Durand, Hébécrévon, chevalier de l'ordre de Saint-Lazare, commandant au gouvernement de Saint-Lo, et par moi vicaire soussigné, baptizée le 6 de mai 1724. »

« Signés :

Du Chemin de Mesnil-Durand.

La marque de Mademoiselle de Mesnil-Durand ».

« Extrait des registres de l'état-civil de Saint Patrice de Claids et collationné par moi, archiviste de la Manche, le 14 août 1894. Signé : F. Dolbet. »

13° « 1749. L'an mil sept cent quarante-neuf, le vingt-cinq aoust après la publication d'un Bans faitte ès paroisse de Notre-Dame-des-Champs de la ville d'Avranches, de Saint-

Nicolas-de-Coutances et en cette paroisse, le 17 du présent sans opposition, suivant les certificats du dix-huit du même mois, signés A. Lefèvre, curé de Notre-Dame-des-Champs, de la ville d'Avranches, et Lecardonnel, curé de Saint-Nicolas de Coutances: vu la dispense de deux bans accordée par Mgr l'Evê-que d'Avranches le 18 de ce mois signée Garteux, vicaire-général, Valet, et plus bas : *de mandato*, signé : Bataille controlleur et sussinnée le même jour, signée Baquet et ensemble la dispense de bans accordée par Mgr l'Evêque de Coutances le 18 du présent, signé : Du Quesnay, vicaire général, en plus *de mandato*, signé Roger et sussinnée et controllée le même jour, signé Dubosq, ainsy que le consentement du sieur curé de Notre-Dame-des-Champs de célébrer le mariage en cette paroisse, ont été fiancés comme le porte la dispense de Monseigneur de Coutances et ont été par nous mariés, et on[t] reçu de nous, de leur mutuel consentement, la bénédiction nuptiale : René Le Harivel, sieur d'Auxais, conseiller du Roy au bailliage et vicomté d'Avranches, demeurant rue Saudière, susditte paroisse Notre-Dame-des-Champs, fils majeur de feu Bertrand Le Harivel, sieur de la Noslière, conseiller audit bailliage et de noble dame Marie-Anne Gaultier consentante audit mariage comme il nous appert, par sa lettre du vingt du présent, écritte d'Avranches, demeurante susdite paroisse Notre-Dame, ses père et mère, et noble damoiselle *Françoise-Angélique Du Chemin*, âgée de vingt-deux ans, demeurante aux Dames de la Basse-Rue de Coutances et de présence au château de Claïds, fille de Messire Pierre-Claude-Robert-Camille Du Chemin, chevalier, seigneur chatelain et patron de Mesnil-Durand et Hébécrévon, chevalier de l'Ordre de Saint-Lazare, demeurant au château de Claïds, et de deffunte noble dame Marie-Anne Regnard, dame et patronne de Saint-Patrice-de-Claïds, ses père et mère ; ledit seigneur de Mesnil-Durand, présent et consentant audit mariage célébré en la présence des témoins soussignés, savoir : du côté de l'époux, de maître Pierre-Denis Cavey, prêtre, maitre ès-arts en l'Université de

Paris et vicaire de cette paroisse, de maître André Simon, sous-diacre, aussi de cette paroisse. »

« Et du côté de l'épouse, de Messire Marc-Antoine Du Chemin, chevalier, de Mesnil-Durand, frère de l'épouse, demeurant rue des Prés, paroisse de Notre-Dame de Saint-Lo, et Messire Jean-Baptiste-Edme-Firmin Du Chemin, sieur de la Vaucelle, demeurant susditte paroisse en la ville de Saint-Lo, rue de la Paille, et de noble damoiselle Charlotte-Bonne Du Chemin, sœur de l'épouse, de présent au château de Claids, lesquels ont signé avec nous ainsi que plusieurs autres. »

Signés :

R. Le Harivel d'Auxais.

François-Angélique Du Chemin.

Du Chemin de Mesnil-Durand.

Du Chemin de la Vaucelle.

Du Chemin de Claids.

Du Chemin du Mesnil-Durand.

Le Prieur de Longchamps. »

« Extrait des registres de l'état-civil de Saint Patrice de Claids, et collationné par moi, archiviste de la Manche, le 14 août 1894. Signé : F. DOLBET. »

14° « 1754. Lundi 28 octobre. Délivré par moi, curé soussigné, certificat d'une publication de bans du dimanche 27 pour premier et dernier, entre M. de Clais, seigneur dudit lieu et demoiselle Barbe-Jeanne Van Everbroeck, avec la liberté de recevoir la bénédiction nuptiale dans telle paroisse qu'ils voudront choisir. »

15° « 1755. Le Dimanche 14e jour du mois de septembre audit an mil sept cent cinquante-cinq a été baptisé par moi curé de la paroisse de Saint Patrice de Claids soussigné, demoiselle Elisabeth-Antoinette Barbe, née d'hier de légitime mariage entre noble homme Messire Antoine-Charles-François-Camille Du Chemin, seigneur et patron de Claids, Bretel, Coudeville et autre lieux et de noble dame Barbe-Jeanne Van Everbroeck de Claids, son épouse. Le parrain, Messire Marc-Antoine Du

Chemin, chevalier du Mesnil-Durand, frère dudit Seigneur de Claids, la marraine noble dame Elisabeth-Marie Van Everbroeck, veuve de feu Messire Marie-Louis-Heleine-Charles-Joseph Le Normand de Villers, seigneur et patron de Savigny. »

« Soussignés : E. M. Van Everbroeck de Savigny.

Duchemin de Claids.

Du Chemin de Mesnil-Durand. »

« Extrait des registres de l'état-civil de Saint Patrice de Claids, et collationné par moi, archiviste de la Manche, le 15 août 1894. Signé : F. Dolbet. »

16° « 1756. Le mercredi, 8ᵉ jour du mois de septembre audit an 1756, a été baptisé par moi curé de la paroisse de Saint-Patrice-de-Claids, soussigné, demoiselle Charlotte-Geneviève Marie, née d'hier de légitime mariage d'entre noble homme Messire Anthoine - Charles - François - Camille Du Chemin, seigneur et patron dudit Saint - Patrice - de - Claids, Brétel, Coudeville et autres lieux, et de noble dame Barbe-Jeanne Van Everbroeck de Claids, son espouze, le parrain, Messire Charles-François de Grimouville et noble dame Géneviève Du Chemin, veuve de Monsieur Despréaux, marraine, demeurant tous les deux à Saint-Lo. »

« Signé : de Grimouville, la marraine absente. »

« Extrait des registres de l'Etat civil de Saint-Patrice-de-Claids et collationné par moi, archiviste de la Manche, le 15 août 1894. Signé : F. Dolbet. »

17° « 1774. Le 21 novembre après la publication d'un ban du futur mariage entre les personnes de Messire François Beaudrap, chevalier, seigneur et patron du Buisson et Sotteville, fils de Messire Robert-François Beaudrap, chevalier, seigneur de la Prunerie et de noble dame Marie-Théraize Jaslote de Beaumont ses père et mère d'une part, demeurant en la ville de Vallongne. »

« Et de noble demoiselle Elizabeth-Antoinette-Barbe Du Chemin de Claids, fille de feu messire Antoine-Charles-François-Camille Du Chemin, chevallier, seigneur et patron de

Claids, chastelain des paroisses de Mesnil-Durand et Hébécrévon, et de noble dame Jeanne Van Everbroeck de cette
paroisse, ses père et mère d'autre part, faitte en cette Eglise au
prone de notre messe paroissiale, sans qu'il se soit trouvé
aucun empêchement ni opposition, ainsi qu'en celle de Vallongne, comme il nous a paru par le certificat du sieur Gravé
de la Rive, vicaire-général de Mgr l'Evesque de Coutances,
curé de Vallongne, en datte du 14 présent, Mgr l'Evesque de
Coutances les ayant dispensés des deux autres, comme il
paroist par l'acte de dispenses obtenues, en datte du 14 de ce
mois, signé Gravé de la Rive, vicaire-général sussigné, le
même jour à Vallongne, signé Dubois, et qui est resté entre
nos mains, j'ay soussigné, Louis-René Blanchet, curé d'Hébécrévon, après les fiançailles célébrées immédiatement avant le
mariage, en vertu de la dispense obtenue, j'ai reçu aujourd'hui
dans la chapelle de Claids, sous la permission du curé de
Claids, leur mutuel consentement de mariage et leur ai
donné la bénédiction nuptiale avec les cérémonies prescrittes
par la Sainte-Eglise, en présence de noble dame Marie-Théraize
Jaslot de Beaumont, veuve de Messire François-Robert Beaudrap, seigneur de la Prunerie, mère du futur époux, noble dame
Jeanne Van Everbroeck, veuve de Messire Antoine-Charles-
Camille Du Chemin de Claids, mère de la future épouse, Made-
laine-Théraize-Bonaventure Beaudrap de la Prunerie, sœur du
futur époux, demoiselle Marie-Geneviève-Charlotte Du Chemin
de Mesnil-Durand, Charles-François de Grimouville, Elisabeth,
cousin-germain de la future épouse, Charles Jallot de Jeaubourg,
Monsieur Dallidan de Veaubourg, Madame Bouillon de
Veaubourg, signés avec nous : Beaudrap Du Chemin de Clays,
Jallot de la Prunerie, Jallot de Jobourg, Beaudrap de la Prunerie, Van Everbroeck de Claids, D'Alidan de Veaubourg,
Duchemin de Mesnil-Durand, de Grimouville, de Grimouville
fils, Blanchet, curé d'Hébécrévon, Van Everbroeck de Montchaton. »

« Extrait des registres de l'Etat civil de Saint-Patrice-de-

Claids et collationné par moi, archiviste de la Manche, le 14 août 1894. Signé : F. Dolbet. »

18° « L'an mil sept cent quatre-vingt, le 21 novembre, à Coutances. Les articles du mariage qui sera contracté, les cérémonies de l'église catholique, apostolique et romaine, préalablement observés, entre Messire Pierre - Hyacinthe - Henry Leforestier, chevalier, baron de Claids, seigneur et patron de Mesnil-Amand, lieutenant au régiment de Royal des vaisseaux, fils de messire Pierre-Aubin Leforestier, chevalier, seigneur de Mobecq et autres lieux, et de noble dame Marie-Madelaine Lecointre, de la paroisse de Quettreville, d'une part. »

« Et noble demoiselle Geneviève-Charlotte-Marie Duchemin de Claids, fille de feu messire Antoine-Charles-François-Camille Duchemin, vivant chevalier, seigneur de la baronnie de Claids, patronne dudit lieu, seigneur patron et chatelain des paroisses de Mesnil-Durand et Hébécrévon, et de noble dame Barbe-Jeanne Van Everbroeck, de la paroisse de Saint-Patrice-de-Claids d'autre part, ont été réglées et arrêtées comme il suit, en présence et du consentement de leurs parents subsignés. »

« Article 1er. — Ledit seigneur futur épousera ladite Dlle future, avec tous les immeubles, à elle appartenant, de la succession de feu seigneur son père et ceux qui lui écherront après le décès de la dame sa mère, lesquels, en cas d'amortissement, vente ou aliénation, ledit seigneur futur fait dès à présent, comme dès lors, la consignation sur tous ses biens présents et à venir. »

« Art. 2. — Ladite Dlle future a déclaré et ledit seigneur futur le reconnaît, qu'elle est saisie de meubles, effets, habillemens, bijoux et ornemens servant à sa personne et estimés à la somme de 7000l et sont par elle donnés en don mobil audit seigneur futur, parceque cependant, s'il la prédécède, elle les réservera et remportera en ladite somme de 7000l à son choix par préférence à toutes dettes et à tous créanciers. »

« Art. 3. — Dans le cas où il écherrait à ladite D^lle futuré quelques successions immobilières, elle les donne en entier en augmentation de don mobil audit seigneur futur, si elle le prédécède sans enfans. »

« Si au contraire ledit seigneur futur décédait avant ladite demoiselle future, elle relevera et remportera par préférence à tous créanciers lors desdites successions mobilières qui seront constatées à l'amiable par un état fait entre eux et deux parens de ladite D^lle future ou les meubles échus, s'ils existent encore à son choix. »

« Art. 4.— Si cependant, ladite demoiselle future décédait et qu'il y eût des enfans vivans, et que ledit seigneur futur passerait à de secondes noces, en ce cas, il tiendrait compte aux enfans sortis de son mariage avec ladite demoiselle future de la valeur desdites successions, dont il profiterait cependant si lesdits enfans décédoient après le second mariage, sans laisser de postérité. »

« Art. 5. — Ledit seigneur futur ayant l'intention de faire bâtir un chateau sur la terre de Claids, il est convenu que, pour l'indemniser en quelque sorte, il en aura la jouissance pendant sa vie, ainsi que de la moitié des biens immeubles présens et à venir de ladite demoiselle future, lui donnant cet usufruit dudit chateau et murs et dépendances d'icelui et de la moitié de ses immeubles, non seulement pour le récompenser des dépenses qu'il fera pour bâtir, mais encore pour la bonne amitié, qu'elle a pour lui. »

« Art. 6. — Si ledit seigneur futur amortit quelques rentes, sur les biens de ladite demoiselle future, il aura récompense sur lesdits biens des sommes qu'il débourserait à cet effet. »

« Art. 7. — Ledit seigneur futur donne a ladite demoiselle future, en cas qu'il la prédécède sans enfans, tous ses meubles et effets, et généralement tout ce que la coutume comprend sous le nom de meubles, parceque s'il y a des enfans vivans à son décès, elle aura sa chambre garnie et sa toilette, ainsi que la voiture et chevaux s'il y en a, en outre ses autres droits conventionnels et légaux. »

« ART. 8. — Ledit seigneur futur gage douaire à ladite demoiselle future sur tous ses biens présens et à venir, lequel commencera à courir au jour du décès sans qu'elle soit obligée d'en faire aucune demande en justice. »

« ART. 9. — Sous lesdites conditions, ledit seigneur et ladite demoiselle future se sont donnés la foi de mariage et ont promis de s'épouser à la première réquisition et ont fait et arrêté le présent double et signé avec leurs parens et amis subsignés. »

Signatures :

« Duchemin de Claids ; Duchemin de Beaudrap ; Le Forestier, baron de Claids ; Lecointe de Mobecq ; Courcy de Caligny ; Forestier Mobecq ; Van Everbroeck de Clais ; le comte de Mobecq ; Forestier Muneville ; Marie-Armand Leforestier d'Osseville ; Savigny de la Cour ; Duchemin du Mesnil-Durand ; Dufrène Leforestier ; De la Cour de Chalaids, Le chevalier Le Forestier ; Lacour ; Gascoing de Muneville ; Caligny ; Marie Forestier de Mobecq ; Duchemin de Mesnil-Durand ; Dacqueville de la Cour ; Le Chevalier de la Cour ; V. Hamel de la Roche-Bernard, abesse ; Gascoing de Mobecq ; de Chalon ; Regnault, curé de Mobecq ; Le Forestier de Valancé ; d'Aubigny de Caligny ; Le chevalier de Caligny ; Demaretz de Montchaton.... ; De Mons ; De Mons ; Le Courtois de Coudeville ; Le Courtois du Lot ; Guérin d'Agon ; D'Anneville Chiffrevast ; Beaudrap de Sotteville ; Jallot de Beaudrap ; Jallot de Beaumont ; Jallot, chevalier de Beaumont ; Osmond de Sainte-Suzanne ; Mauconvenant de Sainte-Suzanne ; D'Hauchemail ; L.-F. Démory ; Lahoussaye ; de Cussy ; le chevalier de Cussy ; De Rieux d'Agon ; Baronniere Thieuville de Folligny ; Forestier de Folligny ; Lefevre de Guernon ; De Bordes de Folligny ; Dancel ; Plissard de Savigny ; Maucouvenant de Sainte-Suzanne ; Marcanville de Sainte-Suzanne ; Le Forestier de Sideville, et Dupont Le Forestier. »

(Archives personnelles de l'auteur.)

19° « 1781. Le lundi trente avril 1781 a été baptisé par nous curé soussigné, Pierre-Jacques-Camille, né de ce jour du légitime mariage de Jacques Cavey, laboureur de cette paroisse et de Jeanne Bar, sa femme. Le parrain Messire-Pierre-Hyacinthe-Henry Leforestier, baron, seigneur et patron de Claids, seigneur de Mesnil-Amand, lieutenant au régiment Royal des Vaisseaux, la marraine, noble dame Géneviève-Charlotte-Marie Du Chemin de Claids, son épouse, qui ont signé avec nous. Signé : Duchemin de Claids ; Le Forestier, baron de Claids. »

« Extrait des registres de l'Etat civil de Saint-Patrice-de-Claids, et collationné par moi, archiviste de la Manche, le 14 août 1894. Signé : F. Dolbet. »

20° « 1786. Le vendredi 10 novembre, audit an 1786, a été baptizée par nous, curé soussigné, une fille, née de ce jour, du légitime mariage de haut et puissant seigneur Messire Pierre-Hyacinthe-Henry Le Forestier, chevallier, seigneur et patron de Saint-Patrice-de-Claids. Bretel, Mesnil-Amand et autres lieux, ancien lieutenant en pied au régiment de royal des vaisseaux et de noble dame Charlotte - Marie - Géneviève Duchemin de Claids, son épouse, laquelle fille a été nommée Géneviève - Charlotte - Hyacinthe Bonaventure. Le parrain, Messire Pierre-Hermand-Bernard Le Forestier de Claids, la marraine, etc. »

« Extrait des registres de l'Etat civil de Saint-Patrice-de-Claids, et collationné par moi, archiviste de la Manche, le 14 août 1894. Signé : F. Dolbet. »

---

21° « 1816. Le 17 de juin, par devant nous, Pierre De la Londe, maire et officier de l'état-civil de la commune de Saint-Patrice-de-Claids, sont comparus Messire Denis-Alphonse Kadot de Sébeville, vivant de son bien, domicilié au château de Savigny, commune de Savigny où il est né le 7 septembre 1789, fils majeur de Messire Guillaume-Remy-Charles Kadot, comte de Sébeville, ancien colonel d'infanterie, chevalier de l'Ordre royal militaire de Saint-Louis, domicilié à son dit château de Savigny, ci-présent et consentant et feue noble dame Marie-Charlotte-Louise-Elisabeth Hébert de la Maillardière, comtesse de Sébeville, son épouse décédée à Paris, le mois de juillet mil sept cent quatre-vingt-quatorze, victime de son attachement pour son Roi, et noble demoiselle Geneviève-Charlotte-Hyacinthe-Bonaventure Le Forestier de Claids, vivant de son bien, domiciliée en cette commune de Saint-Patrice-de-Claids, à son château où elle est née le 10 novembre 1786, fille majeure de Messire Pierre-Hiacinthe-Henry Le Forestier, baron de Claids, ancien premier lieutenant au régiment de Royal Vaisseau, domicilié à son château de Claids, en cette commune, ci-présent et consentant, et de feue noble dame Charlotte-Geneviève-Marie Duchemin, baronne de Claids, même domicile, décédée le 5 Brumaire, an V, comme il est constaté par son acte de décès, porté sur les registres de l'état-civil de cette commune, lesquels nous ont requis de procéder à la célébration du mariage projeté entre eux et dont les publications ont été faites, etc., déclarons, au nom de la loi que Messire Denis-Alphonse Kadot de Sébeville et demoiselle Geneviève-Charlotte-Hyacinthe-Bonaventure Le Forestier de Claids sont unis par le mariage, de quoi avons dressé acte en présence de Messire Artus-Charles-Bernardin Kadot, comte de Sébeville, ancien capitaine de cavallerie, chevalier de l'Ordre royal et militaire de Saint-Louis, Charles-François Esnée, cultivateur âgés l'un de 38 ans, l'autre de 29 ans, tous deux domiciliés à Savigny, le premier témoin père de l'époux, de Messire Pierre-Armand Le Forestier, baron de Claids, capitaine en activité de service dans la Légion de la Manche, âgé de 29 ans, frère de l'épouse, et de Thomas Le Berrier, curé de cette commune. »

Suivent les signatures.

22° « *Louis Porée de Valhébert*, eut pour fils, Louis-Jean-Baptiste Porée de Valhébert, qui était en 1840, maire de

Quesnay-Guesnon, près Balleroy. (Archives personnelles de l'auteur, fonds provenant du château de Claids.)

23°. « Charles, par la grâce de Dieu, roi de France et de Navarre, à tous présents et à venir, salut. »

« La demoiselle D. Gaultier... nous a fait exposer qu'elle descend en ligne directe et féminine de l'un des frères de Jeanne d'Arc, dite la Pucelle, anoblie, ainsi que ses père et mère, ses trois frères, et toute leur postérité légitime en ligne masculine et féminine, par le roi Charles VII, l'un de nos prédécesseurs, suivant ses lettres patentes données en 1429, confirmées par celles du roi de France Henry II, données en octobre 1550 ; que les armoiries qui sont ci-après énoncées avaient été octroyées à ladite Jeanne d'Arc par le même roi Charles VII ; que les descendants de ses frères ont obtenu par des lettres patentes spéciales et confirmatives accordées en 1612 par le roi Louis XIII, l'autorisation de faire usage de ces armoiries ; qu'ainsi, en sa qualité de descendant de la famille de Jeanne d'Arc, elle est habile à jouir de la noblesse et à porter les armoiries à elle accordées et à ladite famille, suivant les lettres patentes sus énoncées. En conséquence, la demoiselle Gaultier nous a fait supplier de vouloir bien la maintenir et confirmer dans ses avantages. Et sur le rapport de notre garde des sceaux, ministre secrétaire d'Etat au département de la justice, qui nous a présenté les conclusions du Conseiller d'Etat, commissaire pour nous au sceau de France, et l'avis de notre Commission du sceau, nous l'avons, par notre ordonnance du 8 août dernier, reconnue comme descendante de la famille de Jeanne d'Arc par la ligne féminine. Et désirant profiter de la faveur que nous lui avons accordée, la demoiselle Gaultier s'est retirée par devant notre garde des sceaux pour obtenir nos lettres patentes nécessaires. »

« A ces causes, voulant perpétuer le souvenir des glorieux services rendus à la France par Jeanne d'Arc et faire revivre dans la personne des membres actuels de sa famille les prérogatives accordées par les lettres patentes données en 1429 par le roi Charles VII et celles confirmatives accordées par les rois Henry II et Louis XIII en 1550 et 1612 ; conformément à notre ordonnance du 8 août dernier, nous avons de notre grâce spéciale, pleine puissance et autorité royale, reconnu, et par ces présentes signées de notre main, nous reconnaissons ladite demoiselle Gaultier comme descendante de la famille de Jeanne d'Arc par la ligne féminine. En conséquence, nous l'avons confirmée et maintenue, la confirmons et maintenons dans la jouissance et possession de la noblesse, telle qu'elle a été accordée par les lettres patentes sus énoncées de 1429 à Jeanne d'Arc, dite la Pucelle, à son père, à sa mère, à ses frères, et à tout leur lignage et toute leur postérité en ligne masculine et féminine. Voulons qu'elle soit censée et réputée noble, tant en jugement que hors jugement, ensemble ses enfants, postérité et descendance à naître en ligne directe masculine et féminine et légitime mariage ; Que comme tels ils puissent prendre en tous lieux et en tous actes la qualité d'écuyer et jouir des rangs et honneurs réservés à notre noblesse, et qu'ils soient inscrits en ladite qualité aux registres ouverts à cet effet par notre commission du sceau. Permettons à ladite demoiselle Gaultier et à sa postérité et descendants de porter en tous lieux les armoiries telles qu'elles avaient été octroyées à ladite Jeanne d'Arc, lesquelles sont : *d'azur à la couronne d'or soutenue d'une épée d'argent montée d'or, accostée de deux fleurs de lys du même* ; l'écu timbré d'un casque taré de profil orné de ses lambrequins. »

« Mandons à nos amés et féaux conseillers, etc.

« Donné à Paris, le 24ᵉ jour de novembre 1827, etc.

« Signé : Charles. »

« Pour le Roi, le garde des sceaux, »

« Signé : Comte de Peyronnet. »

« Lu, publié, ouï et requérant le procureur général du Roi, le 28 décembre 1829, à la cour royale de Paris, etc. »

Extrait de *La famille de Jeanne d'Arc* par E. de Bouteiller et G. de Braux, Paris, Claudin, 3, rue Guénégaud 1878, pp. 243 et suiv.

24° Extrait du Dictionnaire généalogique, héraldique, historique et chronologique, par L. C. D. B. (édition de 1741, tome IV (1er du supplément) p. 453).

« Chemin (du) écuyer, sieur de la Tour, du Mesnil-Durand, etc; ancienne noblesse, élection de Saint-Lo en Normandie, divisée en deux branches dont il est parlé dans l'armorial de France. Tome II, part. 1re. »

Porte : *de gueules au lion d'argent, couvert de mouchetures de sable.*

25° Roissy. 31 Décembre 1598.

« N° 451. Jean Pottier, sieur du Mesnil Chrétien, conseiller au Présidial de Coutances, fils de Marie Duchemin, fille de Lucas, qui obtint les arrests du 13 aoust 1551, 29 juillet 1553 et 13 décembre 1565 sous des commissaires ordonnés par le Roy pour juger souverainement pour lesquels les filles descendues des frères de Jeanne d'Arques dite la Pucelle d'Orléans sont déclarées exemptes de toutes tailles aussy bien que les masles. »

« N° 452. Guillaume Le Verrier, sr de Thosville, fils Denise Duchemin, dt à St-Pierre-d'Alonne, sergenterie de Beaumont. Election de Valognes, autre fille dudit Lucas Duchemin, de la race de la Pucelle d'Orléaus. »

« N° 453. Jean Du Chemin, sieur de la Haulle et Semilly, demeurant à la Meauffe, sergenterie de St-Clair, Election de Bayeux, et Nicolas Du Chemin, son frère, sr de la Vocelle et du Mesnil Guillaume, demeurant à Hébécrévon, sergenterie du Hommet. Election de Carentan, fils dudict Lucas. Veu les arrests et privilèges de la dicte Pucelle, jouiront... »

26° Recherche de Chamillart (1666)

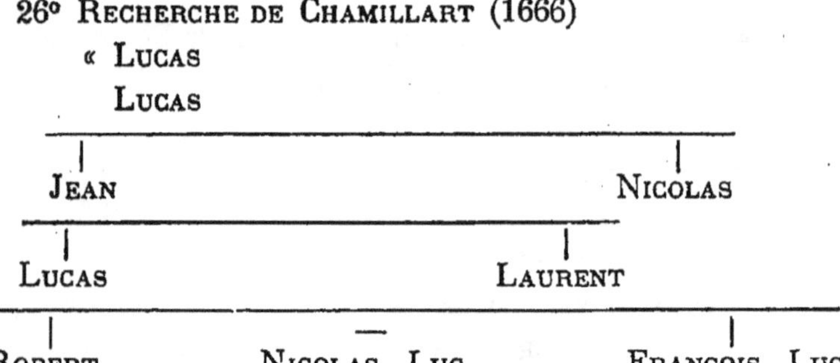



« Luc ou Lucas Du Chemin, écuyer, s<sup>r</sup> du Féron, de la Haulle, d'Hébécrévon, Conseiller d'Etat, 56 ans, demeurant à Saint-Lo et à Paris : Laurent son frère, écuyer, s<sup>r</sup> de la Vaucelles, à l'armée : Robert, esc<sup>r</sup>, prêtre, s<sup>r</sup> du Mesnil-Durand : Nicolas Luc, écuyer, sg<sup>r</sup> de Bahaye et François Luc, s<sup>r</sup> de la Tour, aussi à l'armée. R. R. »

« Lucas I<sup>er</sup> épousa Jeanne Le Fournier, 1517. »

« Lucas II d<sup>elle</sup> Isabeau Regnault, en 1540. »

« Jean, d<sup>elle</sup> Marthe Lemazurier, 1610. »

« Lucas, fils Jean, d<sup>elle</sup> Françoise de St-Martin, 1630. »

« 27° Nous avons rapporté la filiation des Duchemin et des Guillot, par les Gosset et les de Marguerie, telle qu'elle résulte des jugements de maintenue, des enquêtes, tant de celle conduite par Charles du Lys, que de celle que fit faire Lucas Duchemin, et telle qu'elle est rapportée par MM. de Braux et de Bouteiller, dans les ouvrages cités ci-dessus.

Nous n'ignorons pas les recherches dont le résultat a été publié soit par M. le docteur Garsonnin (*Bulletin de la Société archéologique de l'Orléanais*, T. XIV, n° 182, 1906, Paris, Le Chevalier) et par M. Boucher de Molandon : (*La Famille de Jeanne d'Arc, son séjour dans l'Orléanais* et ailleurs), pas plus que l'opinion exprimée par M. le comte Oscar de Poli.

Il résulte des travaux de ces érudits qu'il peut y avoir doute sur le nom de tel ou tel ascendant occupant le n° III ou le n° IV de nos généalogies : quant au fait que Jacques Le Fournier appartenait par sa femme Marie de Villebresme à la descendance masculine de la famille D'Arc, personne n'a osé le contester ; le fait résulte d'une possession d'état quatre fois séculaire et de l'autorité de la chose vingt fois jugée. C'est un fait acquis à l'histoire et un droit entré dans le domaine des familles qui possèdent la preuve de leur filiation.

Comme le dit fort justement dans une lettre qu'il a bien voulu nous écrire, le savant M. H. Lecourt, « Marie de « Villebresme, femme de Jacques Le Fournier est « yssue et « descendue » de la lignée de la Pucelle d'Orléans. C'est là l'expression employée dans les nombreux arrêts de maintenue obtenus par les Le Fournier, Duchemin et autres, arrêts dont je suis parvenu à réunir toute les copies. »

28° Contrat de mariage de Jean de Marguerie avec Marie Avenel.

(26 juillet 1670).

« Pour parvenir au mariage espéré être fait en l'église apostolique et romaine, entre Jean Marguerie, escuier, sieur de Fontenay, fils de feu Bernardin Marguerie vivant escuier, sieur de Fontenay et de damoiselle Ollive Le Neveu, ses père et mère, de la paroisse de Houtteville, d'une part et demoiselle Marie Avenel, fille du sieur de Suble Avenel, et de damoiselle Claire Le Patou, ses père et mère, de la paroisse de Colleville, d'autre part.... » (1)

29° Extrait du registre des baptêmes de la paroisse Saint-Michel-de-Houtteville.

« Le dimanche 8° jour de novembre 1671, jé baptisé une fille née de légitime mariage d'entre honneste homme Jean Marguerie, escuier, sieur de Fontenay, et de damoiselle Marie Avenel, ses père et mère, laquelle a été nommée Magdelaine par demoiselle Jeanne Avenel, assistée d'honneste homme Jean Marguerie, escuier, sieur de la Londe, présence de Me Pierre Cent-

---

(1) Fonds d'Hozier. B. N.

souls, sieur du Coudrày (1) et demoiselle Anice. Signé Frondon, Marguerie, Avenel, Centsouls et Anice, chacun son paraphe.

« Collation faite sur l'original par moi soussigné Pierre Hodierne, prêtre, curé de Saint-Michel de Houtteville et délivre à la demoiselle Magdelaine Marguerie, aujourd'huy 21 septembre 1694. »

30° Extrait des registres des baptêmes de Commes. (2)

« Le mercredy 3 mars 1709..., j'ai baptisé une fille née desdits mois et an du mariage de Gabriel Burel et de damoiselle Magdelaine de Marguerie, (3) qui a esté nommée Marguerite-Jacqueline-Magdeleine Françoise, par damoiselle Marguerite Corneilleau d'Eleur et assistée de moi dit Le Pégot, curé de Commes. En présence de Jean Mallet, Pierre, Frère Cussot et autres. »

31° « Le 1er may 1713... j'ai baptisé une fille née du vendredi 28 avril audit an du mariage d'honneste homme Gabriel Burel et de damoiselle Magdelaine de Marguerie qui a été nommée Marie, par Pierre Bihoreau, officier chez le Roy et damoiselle Marie Bihoreau, parrain et marraine. »

32° Décès.

« Le 16 juillet 1732 a été inhumé dans l'église de Notre-Dame-de-Commes, le corps de Gabriel Burel, âgé de 74 ou 75 ans, après avoir reçu les Saints-Sacrements de Pénitence, d'Eucharistie et d'Extrême-Onction par Messire Robert Fleury, curé de Maisons, doyen de Campigny, présence de

---

(1) On remarquera que la terre du *Coudray*, à Tours, appartenant aujourd'hui à M. Gaëtan Guillot, lui vient de sa grand'-mère, née Gosset, et appartenait autrefois aux Centsouls, sieurs du Coudray. (Archives personnelles de l'auteur : titres de propriété de la terre du *Coudray* )

(2) La paroisse de Commes est celle dans laquelle les Gosset ont leur propriété de famille.

(3) L'auteur de ces lignes possède un lit en damas vert. qui provient de la succession du chanoine Jean-François de Marguerie, grand-doyen du diocèse de Bayeux (1720 1805), neveu de Magdeleine Burel, née de Marguerie (cf. d'Hozier, pièces originales et passim art. Marguerie.)

plusieurs curés du canton et de nous soussignés curé et vicaire dudit lieu de Commes.

« Signés Lagouche et Le Breton, avec paraphes. »

33° Contrat de mariage de Jean-Antoine Gosset et Marie Burel.

(2 septembre 1737).

« Jean-Antoine Gosset, sieur du Taillis, (1) greffier au grenier à sel de Bayeux, fils de feu Maître Louis Gosset, sieur du Taillis, vivant avocat au baillage et vicomté de Bayeux et greffier au grenier à sel, audit lieu et de damoiselle Marie Lelorier, de la paroisse Saint-Sauveur dudit Bayeux et damoiselle Marie Burel, fille de feu Maître Gabriel Burel et de demoiselle Magdelaine de Marguerie, de la paroisse de Commes. »

« Signés : Gosset, M. Burel, Marguerye, Marie Lelorier, du Taillis Gosset, M. Burel, P. Gosset, R. Gosset, Marie-Anne Gosset, L. Gosset, H. de Marguerie, Joret Desclosières, Magdelaine Avenel, (2) Olive Poitevin, Le Lorier de Bapaulme, Saint-Vaast Lelorier, Lebreton, Crépel, de Vallary le Maige, Guérin de Bapaulme, Jourdan de la Hillière, J.-B. Levaillant, M. Levaillant, Huet, Anne Richard, Cécile Lorier, Buhot de Vaux, Folliot. »

34° Paroisse Saint-Malo, de Bayeux.

« Aujourd'hui 4 février 1740, baptême d'un fils de Jean Anthoine Gosset et de Marie Burel, nommé Richard, par noble et discrète personne Richard Gosset, chanoine théologal de l'église cathédrale de Bayeux, assisté de Marie Lelorier, parrain et marraine. »

35° Cathédrale de Bayeux.

« Mardi 5 février 1788, a été inhumé dans le caveau servant à la sépulture de Messieurs du Chapitre de Bayeux le corps

---

(1) Le *Taillis Gosset* existe encore à Tours, sous ce nom. Il faisait autrefois partie de la terre du *Coudray*.

(2) Magdelaine Avenel, qui figure au mariage, est probablement une grande tante de la mariée. Remarquer aussi le nom de H. de Marguerie parmi les assistants.

de noble et discrète personne Pierre-Louis Gosset, prêtre, ancien chanoine de Mathieu, en l'église cathédrale de Bayeux, décédé d'hier..., âgé d'environ 86 ans. »

36° Jean-Anthoine Gosset est mort le 1er février 1798, à 84 ans. Il fut inhumé en la paroisse de Saint-Sauveur, de Bayeux.

37°. Etat civil de Bayeux.

Louis-Jean-Baptiste Gosset, prêtre, chanoine honoraire de la cathédrale de Bayeux, décédé à Bayeux, impasse Glatigny, le 20 mai 1812, à 71 ans 2 mois. Né à Bayeux, paroisse Saint-Malo, fils de feu Jean-Antoine Gosset du Taillis et de Marie Burel.

38° « Nous Jacques Suhard, écuyer, sieur de Loucelles, conseiller et premier avocat du Roy, au siège de bailliage et vicomté à Bayeux, certifions que M. de Chamillard, intendant en la généralité de Caen, ayant eu ordre en l'année 1666, de travailler à la recherche des usurpateurs du titre de noblesse, et qu'ayant commis feu Michel Suhard, écuier, sieur de Loucelles, mon père, et son subdélégué, pour rapporter devant lui les titres des gentilshommes de ladite généralité, Jean Marguerie, écuier, sieur de Fontenay, demeurant paroisse de Formigny, sergeanterie de Tour, élection de Bayeux, aurait produit ses titres de noblesse, lesquels ayant été rapportés devant mon dit sieur de Chamillard, il aurait été pour luy employé dans la recherche et catalogue des gentilshommes qui auraient bien justifiés leurs degrés d'ancienne noblesse. Ce que nous attestons véritable et délivré le présent à Demoiselle Madelaine de Marguerie, fille dudit Jean de Marguerie, écuier, sieur de Fontenay, pour lui valloir et servir qu'il appartiendra. Fait à Bayeux, ce neufviesme de septembre mil sept cent trente-cinq.

« Signé : J. Suhard. »

# ÉLOGE FUNÈBRE

## de Luc Duchemin de la Haulle

*Lieutenant-général du Bailli du Cotentin*

### et Documents relatifs à l'Histoire Religieuse de Saint-Lo

Les archives du château de la Vaucelle contiennent une pièce en forme de placard, imprimée sur le seul recto. Autant qu'on peut en juger par la forme du caractère et le style de la lettre initiale décorée d'un ornement gravé sur bois, ce factum a été publié à la fin du xviiᵉ siècle, peu après la mort du personnage dont l'auteur de l'éloge a eu la prétention de conserver la mémoire.

Luc, ou Lucas Duchemin, écuyer, seigneur de la Haulle, de Semilly, du Féron, du Mesnil-Guillaume, du Mesnil-Durand, de Bahaye, seigneur et patron d'Hébécrévou (1), lieutenant-général civil et criminel, et lieutenant particulier civil et criminel au bailliage de Saint-Lo, fut choisi, en 1631, comme commissaire de la noblesse bas-normande employée dans les armées du Roi en Allemagne. En récompense de ses services, il reçut le titre de Conseiller d'État en 1653. L'année 1631, il avait été député par les Etats de Normandie pour les Etats Généraux convoqués à Tours. Il devait ces différents

---

(1) Vid. *Généalogie de la famille Duchemin*, par Toustain de Billy. B. nat. ms. fr. 4900. — Chamillart: Recherche de la noblesse et le *Journal de Luc Duchemin. seigneur de la Haulle*, par l'abbé V. Bourrienne (Caen, Jouan, 1899, in-8º de 116 p.).

titres ou honneurs à une connaissance approfondie du droit, et à son habitude des affaires, à l'énergie de son caractère et à son talent de parole.

Sa famille, qui descendait, par Jeanne Le Fournier, d'un frère de Jeanne d'Arc, était d'ancienne noblesse avant cette alliance.

Elle comptait parmi ses membres plusieurs magistrats qui jouèrent un rôle important à Saint-Lo sous le règne des rois Henri II, François II, Charles IX, Henri III et Henri IV. Le titre de lieutenant général du Roi au baillage du Cotentin avait été conféré à Lucas II Duchemin (9 juin 1570) et plusieurs de ses descendants directs furent investis de la même fonction.

Ce Lucas II, le premier homme considérable de la lignée, appartenait, ainsi que le maréchal de Matignon, au parti royaliste et catholique. Son attitude politique le rendit également odieux aux protestants et aux ligueurs, lorsque ceux-ci se réunirent pour empêcher Henri IV de faire valoir ses droits de succession au trône de France. Lucas II avait été fait prisonnier par les Huguenots pendant le siège de Saint-Lo en 1574. A leur tour, les ligueurs, commandés par le seigneur de Longaunay-Dampierre, vinrent un beau jour assiéger le manoir de la Haulle. Ils attachèrent un pétard à la porte, entrèrent de vive force et s'emparèrent des habitants. Le prisonnier fut obligé de payer 300 lt. pour sa rançon. Deux ans après, il fut encore appréhendé à Pont-Hébert et emmené à Fougères. Sa liberté, cette fois, lui coûta 4.000 lt. L'agresseur fut pris à son tour au château de Neuilly et paya cher ses méfaits (1).

Le plus illustre de la race fut sans contredit Luc ou Lucas III, dont il est question dans le factum que nous avons sous les yeux. L'exagération du panégyrique serait de nature à mettre le lecteur en garde contre des allégations exprimées en termes si prétentieux. Les autres documents contemporains viennent confirmer les faits autour desquels le pédant auteur de cette littérature a groupé ses élucubrations.

---

(1) *Histoire du Cotentin et de ses villes*, par Toustain de Billy (Saint-Lo, Elie fils, 1864, in-8°) et *Journal de Luc Duchemin*.

Luc Duchemin jouissait, comme magistrat, de l'estime de ses concitoyens. Ceux-ci le chargeaient fréquemment de solutionner leurs querelles particulières. Dans le *Journal de Luc Duchemin de la Haulle*, publié par M. l'abbé Bourrienne, que nous avons déjà cité, nous lisons qu'il avait servi d'arbitre entre le marquis de Canisy, gendre du maréchal de Matignon, et plusieurs seigneurs des environs. A cette occasion, Duchemin rapporte qu'il fit et noua avec M. de la Cour du Buisson, choisi par la partie adverse, « une parfaite amitié ». Dans un autre endroit, il nous fait cette déclaration : « J'accordé une querelle ced. jours 1645 entre les sieurs de la Dangie et du Chesne, gentilshommes près de Saint-Lo, et empesché qu'il ne recourussent au combat » (loc. cit, p. 86).

Lorsqu'il reçut les lettres qui lui conféraient les trois « charges et offices de Con<sup>er</sup> du Roy et Lieutenant général civil, de Lieutenant criminel et de Lieutenant particulier civil et criminel du bailliage de Saint-Lo », il dut, suivant l'usage, subir un examen devant « Messieurs les maistres des requestes de l'hostel », il répondit de tel façon qu'on le prit pour « un grand jurisconsulte ».

« Après mon examen qui dura près de deux heures, ils me firent sortir de la chambre et puis me firent rentrer, et M. de Montécot me dist les discours suivants, en la présence de quantité de gens qui entrèrent dans la chambre : M. Duchemin, je suis chargé de vous dire de la part de la compaignie que vous méritez mieux que l'employ que vous prenez, que vous ne devriez pas vous arrêter dans les provinces, ains vous occuper à Paris, vostre suffisance et présence d'esprit a tellement satisfaict et contenté tous les esprits, que nous vous en devons ce témoignage et lequel nous mettrions par écrit dans votre acte de réception si l'éloge que nous vous en rendrions ne portoit quelque péril en nos intérests particuliers à cause de la nouveauté de nos offices qui nous a faict craindre quelque augmentation des nostres dans nostre compaignie... »

Ce naïf récit, empreint d'un caractère indiscutable de sincérité, renseigne sur la capacité et l'instruction du Lieutenant général, et montre à quel point cet homme savait imposer son autorité.

Parmi les documents qui montrent l'estime dont il était entouré par ses contemporains, on peut citer l'épitaphe rédigée en son honneur par son beau-frère l'abbé de Saint-Martin, et qu'a citée intégralement M. l'abbé Bourrienne (op. cit., p. 21). Rappelons aussi les vers composés à la même intention par Moisant de Brieux, Antoine Halley et Guillaume Ybert (*ibid*).

Les troubles de la Fronde mirent en conflit le loyalisme de Luc Duchemin et son dévouement aux grands seigneurs à la clientèle desquels il appartenait.

La famille de Luc Duchemin était depuis longtemps liée avec celle des Matignon. Eléonore d'Orléans-Longueville, fille de François d'Orléans-Longueville, avait épousé Charles de Matignon, fils du maréchal de France Jacques II de Matignon. Le fils issu de cette alliance, très honorable pour les Matignon, François, qui succéda à son père en juin 1648, était donc le « neveu à la mode de Bretagne », du duc de Longueville, cousin germain de la même Éléonore d'Orléans et mari d'Anne-Geneviève de Bourbon, sœur du grand Condé, la célèbre héroïne de la Fronde (1).

Quant à Luc Duchemin, il appartenait à la clientèle de la famille d'Orléans-Longueville. Issue du comte de Dunois, bâtard du duc Louis d'Orléans, cette race possédait de grands domaines en Normandie, entre autres la baronnie de Varen-

---

(1) Le tableau suivant montrera cette parenté :

LÉONOR D'ORLÉANS-LONGUEVILLE

| | | |
|---|---|---|
| Frères : | HENRI | FRANÇOIS |
| Cousins germains : | HENRI II,<br>Beau-frère du<br>grand Condé | ELÉONORE,<br>épouse Charles de Matignon<br>en 1648 |
| Neveu à là mode de Bretagne : | | FRANÇOIS DE MATIGNON |

guebec et des terres dans le Cotentin. Toustain de Billy dit même que Luc Duchemin était « serviteur particulier de la maison de Longueville ». La cause, croyons-nous, de ces relations, était l'administration de ces domaines bas-normands. D'après l'éloge funèbre il était Inspecteur de la perception des rentes seigneuriales du duc de Longueville. (*Longavillœi census curator*).

En janvier 1649, le duc de Longueville, prenant parti pour le Parlement, souleva la Normandie, dans laquelle était assis son duché, et se mit en insurrection armée contre la Cour. La clientèle ordinaire des Matignon, dans la famille duquel le titre et les fonctions de Lieutenant général du Roy pour la Basse-Normandie étaient en quelque sorte héréditaires et dont l'influence sur la noblesse du pays était incontestable, se divisa en deux factions.

Les uns suivirent Longueville dans sa révolte. Les autres, tels que le marquis de Bellefonds, Kadot, seigneur de Sébeville, M. de la Dauphinerie, se réunirent au comte d'Harcourt et soutinrent le parti du Roi.

Pendant la campagne qui suivit, les troupes de Matignon, vinrent assiéger Valognes qui dut capituler (1).

Il est assez malaisé de préciser dans le détail quelle fut l'attitude de Luc Duchemin en présence de ce problème de loyalisme, le plus difficile qu'il eût jamais rencontré. Nous mettons sous les yeux des lecteurs les documents sur lesquels il pourra asseoir son opinion.

Duchemin raconte lui-même, dans son *Journal*, l'embarras extrême dans lequel il se trouva.

« Cedit jour, Monsieur et Madame de Matignon m'ont prié d'aller à Torigny pour délibérer sur la sortie du Roy, de la Reyne, de Messeigneurs les Princes d'Orléans et de Condé

______

(1) Masseville, *Histoire sommaire de Normandie*, T. VI, p. 160 et Bib. Nat^le Ms. fr. 11930. *Histoire de la maison Cadot de Sébeville, ambassadeur à Vienne.* Contra. Legrelle. *La Normandie sous la Monarchie absolue.* (Rouen. Lestringant. 1903, in-8° de 400 p.), p. 108.

hors de la ville de Paris, la nuict du cinq au sixiesme de janvier 1649, deux à trois heures après minuict dud. sixième, et j'ay demeuré presque deux mois à Torigny, pendant lequel Monsieur de Matignon pressé de la Reyne, de Messeigneurs les Princes et Cardinal Mazarin d'un parti et de Monseigneur le Duc de Longueville un des chefs du parti de Messieurs les Parlements et villes de Paris et de Rouen, estoit irrésolu et regardoit le parti qu'il avoit à prendre, et enfin s'est engagé contre son inclination au parti de Mons<sup>r</sup> de Longueville, mais violenté et forcé par les prières dud. seigneur de Longueville son cousin germain (1), qu'il craignoit de mettre en mauvais estat de son entreprise, s'il eust pris le parti de la Reyne régente que j'estois d'advis, comme je seré tousjours, qu'il embrassât, quelque évènement qu'il puisse arriver, parce que l'authorité du Roy résidant en la personne de la Reyne en qualité de régente doit estre tousjours suivie de nos obéissances et services, et que tous les autres partis, quelque couleur et apparence de justice qu'ils aient, ne peuvent estre soumis d'autre véritable nom que de rébellion. Il est vray aussy que Mons<sup>r</sup> de Matignon ne s'y engagea qu'à l'extrémité des affaires de M<sup>r</sup> de Longueville, et à vray dire contre son gré et les larmes aux yeux » (2).

« Ce gentilhomme était serviteur particulier de la maison de Longueville, et conséquemment de celle de Matignon ; mais comme il l'était encore plus du Roi par sa naissance et par sa charge, il jugea qu'il étoit important d'empêcher l'union

---

(1) Nous avons vu ci-dessus que c'est « cousin issu de germains » qu'il aurait fallu écrire. C'est Eléonore, femme de Charles de Matignon, qui était cousine germaine du duc Henri II de Longueville, le révolté.

(2) *Journal de Luc Duchemin*, pp. 90 et 91. Convaincu que son suzerain faisait fausse route, Luc Duchemin, si nous en croyons Toustain de Billy, chercha à empêcher l'aventure de produire des résultats trop graves. Il semble avoir réussi, sans rompre ouvertement avec le duc de Longueville et le comte de Torigny, à marquer sa volonté de rester neutre dans une conjoncture aussi douteuse, la seule où un Matignon ait pris les armes contre son souverain légitime.

des troupes de ce prince et de ce Seigneur... Pour. donc
amuser M. de Matignon, et lui donner un os à ronger, il lui
proposa le siège de Valognes, qui, ayant été suivi de la paix,
empêcha mille partialités qui naissoient de toutes parts dans les
familles mêmes » (1).

Etant donnée la nature des relations qui unissaient les uns
aux autres les différents degrés de la hiérarchie sociale, il
était à peu près matériellement impossible à Luc Duchemin
de tenir une attitude opposée à celle du chef civil et militaire
le plus influent du pays. Ce qu'avaient pu faire, en s'appuyant
sur le marquis de Bellefonds, les Sébeville et les la Dauphinerie dont les châteaux étaient à 12 lieues de Torigny,
Duchemin, que trois lieues à peine séparaient de la résidence
des Matignon, se sentait dans l'impossibilité de le tenter.

Cette délibération qui dure deux mois, pendant lesquels on
doit croire que le gentilhomme Saint Lois lutta pour les prin-
cipes du loyalisme ; cette décision prise les larmes aux yeux ;
l'obscurité même des termes dans lesquels le narrateur raconte
l'incident, le silence absolu des textes sur une participation
active quelconque de l'ami des Matignon dans l'affaire de
Valognes ; tout fait supposer qu'il resta chez lui pendant toute
la campagne, après avoir cherché à faire agir dans le vide
l'armée levée par le comte de Torigny.

Quelle qu'ait été au juste son attitude, elle plut aux habitants
de Saint-Lo, dit Toustain de Billy ; elle ne déplut pas au
cardinal Mazarin, qui écrivit à Luc Duchemin pour le
remercier, et le nomma ensuite conseiller d'Etat.

Dès le mois de septembre de cette tragique année 1649,
Duchemin était rentré en grâce auprès du roi de France. Il
recevait et complimentait Charles II d'Angleterre, et son frère
le duc d'York, qui allaient à Jersey pour tenter une descente
en Angleterre.

---

(1) Toustain de Billy, *Mémoires sur l'histoire du Cotentin et de
ses villes. Villes de Saint-Lo et de Carentan.* Saint-Lo, Elie fils,
1851, p. 141.

Au mois de Janvier suivant, il aidait le cardinal Mazarin à
« servir le Roi en la conjoncture de la détention de Messeigneurs les princes de Condé et de Longueville. » (loc. cit.,
p. 92).

L'homme politique influent, le magistrat intègre et respecté
était aussi un littérateur et ce n'est pas sans raison que son
panégyriste M. du Mesnil-Gonfray, invitait les Muses à
pleurer sa mort.

Il cultivait la poésie latine, et M. Bourrienne nous a conservé
des distiques dans lesquels sont vantées la fertilité du pays,
sa richesse en fleurs et en fruits.

« Nulla est in toto Pomona beatior orbe,

Nec tam grata diù Flora refundit opes. »

Et plus loin :

« Hic trium nitidas fluviorum (1) aspexeris undas.

Seu laetas valles, prata, vireta, nemus.

Nil oculis usquam sese jucundius offert,

Nulla sub axe poli purior aura fluit. »

Le lecteur aura bientôt l'occasion de remarquer que le héros
objet du panégyrique écrivait en un latin plus pur et dans un
style moins contourné que son admirateur.

Luc Duchemin semble avoir apporté tous ses soins à la
construction d'un hôtel qui existe encore rue de la Paille, à
Saint-Lo. Il avait appelé, selon toute vraisemblance, pour
diriger cette importante construction, l'architecte qui avait
présidé aux travaux entrepris par Charles de Matignon.
L'escalier, notamment, de la rue de la Paille, ressemble
tellement à ceux qui subsistent à Torigny, qu'il n'est pas
possible de ne pas constater une filiation évidente entre les
deux monuments. La coupe du degré et la décoration de la
rampe, les profils des moulures, le dessin des consoles raccor-
dant les parties verticales avec les lignes obliques, tout accuse

_______________

(1) La Vire, la Taute et l'Ouve, qui se jettent dans la Manche
à Carentan.

la communauté d'origine. Le luxe déployé par Duchemin dans son hôtel, la grandeur de l'aspect des pièces de réception caractérisent l'importance du rôle que jouait le lieutenant général du Roi à Saint-Lo, et que continuèrent après lui son frère et ses trois fils, dans la vie administrative et judiciaire du chef-lieu du bailliage.

Ces détails biographiques étaient nécessaires pour expliquer et justifier, dans une certaine mesure, l'exagération des louanges que contient le panégyrique dont voici le texte et la traduction.

« A MESSIEURS DE LA HAULLE,

« J'avoue, Messieurs, que la Providence Divine, m'obligeant de mettre en parallèle, la perte funeste de la patrie avec l'indicible douleur de votre Noble Maison, dans la mort arrivée depuis peu de feu Monsieur De la Haulle : j'ay cru que je devois faire tous mes efforts pour publier dans sa personne, et avec autant de succeds que j'en suis capable, la mémoire DU PLUS SAGE, DU PLUS VERTUEUX, ET DU PLUS ACCOMPLY magistrat, qu'on ay jamais vû sur ces lieux ; et j'ajouteray d'ailleurs, que si ma suffisance répondoit à mon zèle : toutes les langues donneroient à sa faveur, mil bénédictions au Ciel, et soulageroient à même tems de mil consolations ma patrie, me faisant déclarer avec autant de justice, que de modestie, qu'estant éblouy de tant de lumière, et idolâtre de tant de vertus ; je me contenteray seulement, de reverer dans un si digne sujet, les nobles idées, que je tâcheray, de m'enfermer à l'avenir dans un profond silence : vous assurant de plus, Messieurs, dès ce moment en particulier, par mes vœux et par mes effets, que je seray à jamais

« Votre très humble, etc.

Du Mesnil Gonfray A. A. L. C.

IN MEMORIAM FACTO-FUNCTI CLARISSIMAM
VIRI DOMINI HAULLÆI.
STA VIATOR.

Et mœrendo inclama ?
Valete Grates ? Valete Pierides ? Valete Camœnæ :
et obstupendo semicordius, si potis est ? relege.
HIC JACET LUCAS DUCHEMINAEUS,
Sacri Palatii comes
Longavillae Census curator, princepsque domus à secretis
et in Præfectura Sanlaudensi,
utriusque Cognitionis
Antesignanus Praeses.
Vir doctrina Patrum Augustinus,
Aethicâ morum discretivâ Ambrosius
decertivâ scholalarum Palestrâ
Aristoteles et Aquinas
Vir Perpiniano amabilior
Africano rigidior,
Modestino suavior
Vir Nestore facundior :
Homero divinior :
Tullio locupletior,
Quintiliano completior
Tacito denique sagacior, Livio veracior
et Decretistis omnibus laudabilior.
At quod singulare monumentum ;
Vir verae Religionis assertor et vindex ;
Praeco ubique, ubique doctor, ubique apostolus :
Sic in vitâ, Vitae et mortis assiduus ludus,
in morte, mortis et vitae suavis concentus, suavis consonantia.
unde memoria ejus in benedictione,
et anima ejus in pace.
Sed quod nostra interest ?
Ad momentum rumpe fletus, pie lector :
nam tripartita ejus successio,

tripartita ejus repraesentatio,
tripartiti ejus heredes,
radices agunt,
flores emittunt,
et fructus afferunt in tempore :
in Primogenito ; sapientia patris
in secundo : Nobilitas patris ;
in tertio denique patris filio ;
Patris amor, patris delitiae, patris honor et gloria.
Obiit postridie Klend. Augusti 1686. »

## Traduction

A la mémoire du très illustre défunt
Monsieur de la Haulle.
Arrête-toi, voyageur,
Et proclame la tristesse !
Adieu, Grâces, Adieu, filles de Thessalie, Adieu, Muses.
Frappé de stupeur, s'il t'est possible, relis cet écrit.
C'EST ICI QUE GIT LUC DUCHEMIN, comte du Sacré Palais, (1)
Curateur des droits de censive du duc de Longueville,
secrétaire principal de sa maison.

Et dans le bailliage de Saint-Lo, Lieutenant général civil et
criminel ;

Augustin pour la science des Pères,
Ambroise par la correction de ses mœurs,
Aristote et d'Aquin par ses succès dans les lettres.
Plus aimable que Perpinien,
Plus ferme que l'Africain,
Plus doux que Modestin,
Plus éloquent que Nestor,
Plus divin qu'Homère,
Plus opulent que Tullius,
Plus cultivé que Quintilien,

---

(1) De Saint-Jean de Latran.

Enfin plus pénétrant que Tacite, plus véridique que Livius,

Et plus célèbre que tous les Arrêtistes.

Mais quel monument singulier !

Cet homme, confesseur de la vraie Religion, son vengeur,

Partout son héraut, son docteur, son apôtre ;

De même que dans la vie, jeu continuel de la vie et de la mort,

Dans la mort s'est montré un exemple de lutte heureuse entre la mort et la vie ;

Dans sa mort a été un concert harmonieux de la mort et de la vie, une douce consonnance de ces deux accents.

Aussi, sa mémoire est-elle couverte de bénédictions,

Et son âme est-elle en paix.

Mais que nous importe ?

Arrête un instant tes larmes, pieux lecteur ;

Car sa triple succession,

Sa triple représentation,

Sa triple hérédité,

Poussent des racines

Et des fleurs,

Et portent des fruits dans leur saison.

L'ainé fait voir la sagesse du père,

Le second, sa noblesse,

Enfin le troisième fils de ce père est

L'amour du père, les délices du père, l'honneur et la gloire du père.

Il mourut le lendemain des calendes d'août 1686.

. * .

Les trois fils dont il est question dans ce *factum* étaient :

Robert, né le 29 août 1633, qui fut fait prêtre, et entra, à ce que l'on croit, chez les Oratoriens.

Luc Nicolas, né le 26 janvier 1651, s'était mis au service du Roi : Lieutenant au régiment de Picardie, il fut blessé à la bataille de Senef (1674) et rentra à Bahais, dans le manoir paternel. Il épousa le 14 juin 1688, Marie-Marguerite Jourdain de Barenton (1).

François Luc servait dans le régiment du Roi infanterie. Comme son frère, il fut blessé d'un coup de feu à la bataille de Senef. Bien que cadet, il semble qu'il ait été le préféré de Luc Duchemin. C'est lui qui succéda aux charges de son père. Il fut nommé, le 12 juillet 1679, avec dispense d'âge, lieutenant général et particulier.

Le nom des Duchemin paraît éteint ; mais la descendance féminine des deux fils de Luc Duchemin existe encore. Le propriétaire actuel du château de la Vaucelle, M. de la Broïse, est l'arrière-petit-fils de François-Luc, époux de Marie Radulph. L'auteur de ces lignes descend en ligne directe de Luc Nicolas, le plus âgé des deux frères.

Il nous a été impossible de découvrir aucun renseignement concernant incontestablement Du Mesnil-Gonfray, qui composa le pathos que nous venons de mettre sous les yeux des lecteurs. Peut-être était-ce l'un des professeurs du Collège fondé par Jean Dubois, établissement situé non loin de l'hôtel de Duchemin, à la prospérité duquel celui-ci s'était intéressé.

Notons cependant que le prétentieux écrivain s'appelait Gonfray de son nom patronymique. C'était l'habitude en Basse-Normandie de mettre le premier le nom de seigneurie ou de sieurie. Nous lisons dans Toustain de Billy : de Martigny Lemennicier, de la Haulle Duchemin, quand, ailleurs, on aurait dit : Lemennicier de Martigny, Duchemin de la Haulle. Il nous faut donc lire : Gonfray du Mesnil. Ainsi restitué, le nom de notre écrivain appartient assurément à l'arbre généalogique d'une famille Gonfray, dont un représentant habitait, suivant une tradition qu'il serait aisé de vérifier à Agneaux, au village de la Tremblaye.

Dans les rercherches de M. Ed. Lepingard, sur les villages

_______________

(1) V. *Suprà* l'acte de mariage, archives de la fabrique de Sainte-Patrice-de-Claids.

de Saint-Lo, il est question d'un Gonfray, officier public, recevant un acte. Le souvenir d'un personnage portant le même nom est aussi rappelé par un objet appartenant aux collections du Musée de Saint-Lo. Quel qu'il puisse être, le littérateur dont nous venons de parler appartient-il à la famille d'un Gonfray qui joua un rôle important dans l'administration du district pendant la Révolution? C'est ce qu'il nous a été impossible de déterminer, mais ce qui est probable.

Il avait le goût des lettres, sinon le talent d'écrire. Lorsqu'il composa son élucubration, il obéissait à un sentiment généralement partagé par ses concitoyens. Tous professaient pour Luc Duchemin une estime que lui méritaient son intelligence et les nombreux services qu'il avait rendus à sa ville natale et au pays environnant.

## II

Au dos de l'imprimé précédent, un inconnu a écrit un brouillon de lettre, d'une écriture très négligée, difficile à lire, que M. Dolbet, archiviste de la Manche, nous a aidé à déchiffrer. Il nous a paru intéressant de publier ce texte, qui jette un certain jour sur l'état de l'opinion à Saint-Lo, au lendemain de la révocation de l'Edit de Nantes. N'oublions pas que cette ville avait été un foyer d'influence protestante, que, sous le règne de Louis XIV, nombre de religionnaires y résidaient, qu'aucun d'eux n'avait voulu émigrer. Il y avait ainsi dans la population un ferment très actif de révolte contre les mesures inspirées au roi Louis XIV par le souci de l'avenir de la religion catholique et le maintien de l'autorité royale. Très agissants, les partisans de la « religion prétendue réformée » effrayaient leurs concitoyens par leur attitude révoltée et provocante. C'est sous l'empire d'une préoccupation très vive, au sujet du résultat des mesures prises contre les protestants, qu'a été écrite la lettre que l'on va lire.

« Monseigneur, je n'aurois pas d'excuse d'avoir tant tardé

à rendre compte à Votre Grandeur de notre mission, si M. de la Contrie ne m'eust dict qu'Elle estoit toujours occupée dans les visites d'un si grand diocèse, et qu'elle avoit esté obligée d'aller prendre des eaux, que je prie de luy estre salutaires. Notre mission ayant commencé le dymanche feste de la Sainte Trinité, a duré sept semaisnes. Nos catholiques, tant antiens (que nouveaux), en ont profité ; mais non pas tous. Les plus qualifiéz ne sont pas ceux qui se sont montrés plus empresséz de la gagner. Les autres en ont presque tous faict leur debvoir, et ceux de la campagne se sont montrés encore plus zélés que ceux de la ville.

Pour les nouveaux catholiques, ils se sont presque tous ébranlés pour faire leur debvoir, du moins pour se confesser, et plusieurs ayant mesme communié ; mais de dire qu'ils ayent tous esté sincères, il est très difficile d'en juger. Sur la fin de la mission et incontinent après qu'elle a esté finie, il nous est venu cinq femmes de ces nouvelles catholiques, qui ont toutes reçu les Sacrements assez bien ; mais nous voyons ce me semble une partie des autres présentement ung peu se ralentir. Voilà briefvement l'estat où sont les choses présentement à Saint-Lo, où l'on avoit eu nouvelles d'un arrest qui déchargeoit le corps de Lalouet, horloger, de la payne portée par la déclaration du Roy contre ceux qui refusent les Sacrements estant malades ; mais M. de Gourgues, nostre président, l'ayant sceu, s'i est opposé et a deffendu à tous nos juges de l'exécuter sous peine de 3 mil livres d'amende, jusques à ce que en ayt esté autrement ordonné par Sa Majesté, comme estant contraire à la dicte déclaration et..... de Sa Majesté. Voilà, Monseigneur, les nouvelles de ce quartier. »

Quel est l'auteur de ce brouillon de lettre ?

Luc Duchemin qui est le héros du panégyrique imprimé au dos duquel il a été écrit, mourut le 2 août 1686 (1), quelques

(1) Le *Journal de Luc Duchemin*, par l'abbé Bourrienne (Caen, Jouan, 1899, in-8° de 116 p.), p. 18.

jours seulement après la mission dont il est question, ainsi que nous le verrons dans un instant. Il laissait deux fils : Robert, né en 1633, qui se fit prêtre, entra chez les Oratoriens et mourut après 1715 ; Luc Nicolas, né en 1651, blessé à Senef, et François Luc, seigneur de la Vaucelle, blessé également dans la même bataille, et qui abandonna l'armée pour occuper les fonctions qu'avait exercées son père. Nous ne doutons pas que la lettre n'ait été écrite par l'un de ces trois personnages, en donnant la préférence à François-Luc, celui auquel revint le château de la Vaucelle, qui y a le plus longtemps séjourné, et qui fut plus intimement mêlé que ses frères aux questions d'administration intéressant le pays.

A qui s'adresse-t-il ? A un personnage très haut placé, puisqu'on l'appelle Votre Grandeur, Monseigneur ; à un évêque, puisqu'il est « occupé dans les visites d'un si grand diocèse ». Ce grand seigneur qui s'intéressait aux choses de la religion à Saint-Lo, ne pouvait être, si l'on croit devoir le chercher parmi les représentants de la maison des ducs de Longueville, que Jean Louis Charles d'Orléans, neveu du grand Condé, ordonné prêtre en 1669, qui ne mourut qu'en 1694. Il faut l'écarter parce qu'il n'a jamais été évêque.

Si au contraire nous cherchons dans la maison de Matignon, avec laquelle les Duchemin étaient en relations intimes, nous devons éliminer l'un des fils de Charles de Matignon, Léonor, abbé de Lessay, évêque de Lisieux, mort en 1680, dont le portrait est conservé au musée de Torigni. Il nous reste à choisir entre un second Léonor de Matignon, fils de François, qui succéda à son oncle sur le siège de Lisieux, et qui y mourut en 1714, et Jacques, évêque de Condom, abbé de Saint-Victor de Marseille, mort en 1727. Nous possédons au Musée de Saint-Lo, un fort beau portrait de ce dernier prélat.

Ce n'était pas l'évêque alors en possession du siège de Coutances, Mgr Charles-François de Loménie de Brienne, connu pour l'intransigeance de son gallicanisme, mais recommandable pour la régularité de ses mœurs et son zèle pour la religion et dont Fénelon a écrit un éloge enthousiaste (1). En effet, bien que ne portant aucune date, la lettre se rapporte très exactement avec les détails d'une mission ouverte par Mgr de Loménie lui-même le dimanche de la Trinité de l'année 1686, époque de la mort de Luc Duchemin (2).

L'organisateur de la mission, celui qui vint prêcher en personne, probablement du haut de la chaire extérieure de l'église Notre-Dame (3), n'avait pas besoin d'être renseigné sur les résultats de sa propre prédication. Le ton de la lettre indique un homme moins directement mêlé aux détails de cette affaire.

Nous sommes donc réduits aux conjectures sur l'identité du destinataire de la lettre.

La mission dont celle-ci parle, n'est par la même que celle qui fut prêchée par le Vénérable Grignon de Montfort, le fondateur des Filles de la Sagesse. Le saint prédicateur est, en effet, venu à Saint-Lo et a joué un rôle dans la fondation du Monastère du Bon-Sauveur dans cette ville. Mais la date de sa venue dans le diocèse de Coutances est très connue. L'historien du Bon-Sauveur, le chanoine Ménard, place, sur documents, le jour de l'arrivée de l'apôtre au 14 août 1714 (4).

Il ne peut donc y avoir identité entre ces deux campagnes de prédication, dont l'une commencée au jour de la Sainte-Trinité et dure sept semaines, et l'autre qui, commencée le jour de l'Assomption, ne se prolongea que 15 jours pour se terminer par la plantation d'un Calvaire au point culminant de la Falaise.

La lettre parle de « notre Président M. de Gourgues ». Moréri a écrit l'historique d'une famille de Gourgues originaire de Gascogne. Le premier de cette race qui soit parvenu

---

(1) *Une servante des pauvres*, par l'abbé Ménard (Tours, Casterman), pp. 442-443.

(2) Lecanu, *Histoire des Evêques de Coutances*, tome II, p. 14.

(3) V. article de M Lepingard dans les *Mémoires de la Société*.

(4) L'abbé Ménard, *Une servante des pauvres, la Mère Elisabeth de Surville*. (Tours, Cattier 1887, in-12 de 482 p.).

à la notoriéré, avait repris la Floride aux Espagnols en 1569. Ses descendants occupèrent des situations élevées dans la magistrature. L'un deux, Jacques Armand de Gourgues, marquis de Vayres, après avoir été Lieutenant-général du présidial de Bordeaux et reçu maître des requêtes, était intendant de la généralité de Caen en 1686, mais n'avait pas été président. Il n'est donc pas question de lui. Les autres personnages du nom qui ont été présidents à mortier, ne peuvent être mis en avant à cause des dates, ni Marc Antoine mort en 1623, grand-père de Jacques Armand, ni son père Jean. Les dates conviendraient plutôt à Michel-Jean, frère cadet de l'Intendant de Caen qui porta le mortier. Si l'on croit que le mot « notre président » contient une indication de parenté concernant l'évêque destinataire de la lettre, on peut songer pour ce dernier, au frère puîné de l'Intendant de Caen, Jacques Joseph, qui fut évêque de Bazas (1684).

Trouvé dans les papiers de la famille Duchemin, et contenant le nom d'un membre de la famille de l'Intendant de la généralité de Caen, le document que nous venons de publier émane assurément d'un personnage très haut placé, influent dans l'administration Saint-Loise, appartenant au parti catholique. A ces titres, et à supposer même qu'il n'ait pas été écrit par un Duchemin, il nous a paru intéressant à livrer au public.

# Liste des Notes et Pièces justificatives

1° T. de Billy. — *Généalogie de la famille Du Chemin*, manuscrit autographe et inédit de Toustain de Billy, prestre curé de Mesnil-au-Parc, dédié à M. Foucault, intendant de Normandie. Bibl. nationale, Fr. 4.900. — Voir notamment Art. Lucas Duchemin.

C. fr. T. de Billy. — *Mémoires sur l'Histoire du Cotentin et de ses Iles, Villes de Saint-Lo et Carentan*. Publié par la Société d'Agriculture et d'Archéologie du département de la Manche, Saint-Lo, Elie, fils, MDCCCLXIV, notamment p. 151.

2° T. de Billy. — *Généalogie*. Art. Lucas Duchemin. *Mémoires*, etc., pp. 68, 83.

3° T. de Billy.— *Mémoires* p. 124.

4° T. de Billy. — Ibid. p. 191. Notes 2 et 3.

5° T. de Billy, — ibid. p. 138. *Généalogie*. Art. Jean Duchemin.

6° T. de Billy. — Ibid. p. 141. *Généalogie*. Art. Luc Duchemin.

7° T. de Billy. — *Généalogie*. Art. Luc Duchemin. *Mémoires*, etc. Citation d'Hozier.

8° *Généalogie*. Art. Luc Duchemin, seigneur de la Haulle.

9° Archives de la paroisse Saint-Patrice-de-Claids, 5 juin 1715. Baptême.

10° Archives de la paroisse de Saint-Patrice, 4 août 1716, mariage.

11° Archives de la paroisse de Saint-Patrice, 22 juin 1717. Baptême.

12 Archives de la paroisse de Saint-Patrice, 6 mai 1724. Baptême.

13° Archives de la paroisse de Saint-Patrice, 25 août 1749, Mariage.

14° Archives de la paroisse de Saint-Patrice, 4 septembre 1755. Baptême.

15° Archives de la paroisse de Saint-Patrice, 28 octobre 1757. Dispense de bans.

16° Archives de la paroisse de Saint-Patrice, 8 septembre 1756. Baptême.

17° Archives de la paroisse de Saint-Patrice, 21 novembre 1774. Mariage.

18° 21 novembre 1780. Contrat de mariage. *Penes nos.*

19° Archives de Saint-Patrice-de-Claids, 30 avril 1781. Baptême.

20° Archives de Saint-Patrice-de-Claids, 10 novembre 1786. Baptême.

21° Etat civil de Saint-Patrice-de-Claids, 17 juin 1816. Mariage.

22 Archives personnelles.

23° LA FAMILLE DE JEANNE D'ARC, *documents inédits*, par L. de Bouteillier, et G. de Braux. Paris, Claudin. Orléans, Herluison, MDCCCLXXVIII, pp. 150 et 199. Charte et lettres patentes du Roi Charles X.

24° Extrait du Dictionnaire généalogique de L. C. D. B.

25° Recherche de noblesse de Roissy.

26° Recherche de noblesse de Chamillard.

27° Note sur les recherches de M. Boucher de Molandon.

28° 26 juillet 1670. Mariage de Jean de Marguerie avec Marie Avenel.

29° 8 novembre 1671. Naissance de Magdelaine de Marguerie.

30° 3 mars 1709. — Baptême de Marguerite-Jacqueline-Madeleine-Françoise Burel.

31° 1er mai 1713. Baptême de Marie Burel.

32º 16 juillet 1732. Décès de Gabriel Burel.

33º 2 septembre 1737. Mariage de Jean-Antoine Gosset et de Marie Burel.

34º 4 février 1740. Baptême de Richard Gosset.

35º 5 février 1788. Décès de Pierre-Louis Gosset, ancien chanoine de Mathieu.

36º 1er février 1798. Décès de Jean-Antoine Gosset.

37º Le 20 mars 1812. Décès de Louis Jean-Baptiste Gosset, prêtre.

38º Certificat de noblesse délivré à Jean Marguerie, sieur de Fontenay, par Jacques Suhard de Loucelles (9 septembre 1735).

27º Eloge funèbre de Luc Duchemin de la Haulle, par Du Mesnil-Gonfray.

www.ingramcontent.com/pod-product-compliance
Lightning Source LLC
Chambersburg PA
CBHW061302060726

47596CB00002B/704